스페인의 빨간 맛

스페인의 빨간 맛

초판 1쇄 인쇄 _ 2020년 4월 15일
초판 1쇄 발행 _ 2020년 4월 20일

지은이 _ 한지은

펴낸곳 _ 바이북스
펴낸이 _ 윤옥초
책임 편집 _ 김태윤
책임 디자인 _ 이민영

ISBN _ 979-11-5877-162-1 03920

등록 _ 2005. 7. 12 | 제313-2005-000148호

서울시 영등포구 선유로49길 23 아이에스비즈타워2차 1005호
편집 02)333-0812 | 마케팅 02)333-9918 | 팩스 02)333-9960
이메일 postmaster@bybooks.co.kr
홈페이지 www.bybooks.co.kr

책값은 뒤표지에 있습니다.
책으로 아름다운 세상을 만듭니다. ― 바이북스

발렌시아에서 보낸
꿈결 같은 한 해의 기록

스페인의
빨간 맛

한지은 지음

바이북스
ByBooks

우리는 다른 공간, 다른 삶,
다른 영혼을 찾기 위해 여행한다.
그리고 우리 중 누군가는 영원토록 여행한다.

아나이스 닌 Anais Nin

여행하면서 쌓인 글감과 사진들로 책 한 권 내보는 게 어떻겠냐는 이야기는 심심치 않게 들어왔었다. 하지만 그때마다 나는 손사래를 치며 부인했었다. (그렇게까지 강하게 부정할 건 없었던 것도 같지만 아무튼.) 책이란 모름지기 한 분야에 정통한 전문가라야만 쓸 수 있는 거라고 생각했었고, 나로 말미암아 그저 그런 조악한 책 한 권이 이 세상에 또 나오게 하고 싶지는 않아서였다.

그런데 배낭여행을 꾸준히 다녀온 세월이 십여 년을 넘고 보니 생각이 조금은 달라졌다. 삼십여 년을 살면서 내가 제일 잘 아는 건 뭘까. 그건 나의 여행이었다. 그냥 여행이 아니고, '나의 여행'. 나는 고지식의 끝을 달리는 '레이트 어답터'라서, 여행 전반에 적용할 수 있는 꿀팁 같은 건 도리어 여행 초심자들보다도 모르는 게 훨씬 많았다. 다만 오랜 시간 내가 꾸준히 해온 게 여행이고, 그래서 제일 잘 안다고 말할 수 있는 게 '내가 여행하는 법'이었다. 나의 여행에 대해서라면 이제 책 한 권쯤 낼 정도가 된 것도 같다는, 근거가 있을

락 말락 한 자신감이 스멀스멀 올라왔다.

마침 그즈음 해서 1년여의 긴 여행에 마침표를 찍기도 했었다. 휴가를 이용해 짬짬이 다니는 자투리 여행이 아니라, 끝을 예정해두지 않은 긴 여행을 떠나보는 건 내 오랜 소원이었다. 2017년 2월, 다니던 일터를 떠나 그토록 고대해왔던 기한 없는 여행을 떠나보았다. 좋았다. 얼마나 좋았는지를 다 표현하기에는 턱없이 부족한 나의 필력이 한스러울 정도로 좋았다.

그리고 1년이 지나 한국으로 돌아와보니 조금은 다른 생각이 들기 시작했다. 글과 사진을 남겨야 한다는 강박 때문에 여행을 온전히 즐기지 못하는 우를 범하고 싶지 않다, 나는 철저히 '비생산적인' 여행을 하고 싶다, 하며 기록물 남기기를 거부해왔던 내 고집을 이제는 꺾어도 될 것 같았다. 여행 자체에 집중하는 여행은 충분히 해봤으니, 이제는 내가 한 경험들을 다른 사람들과 공유하는 데에도 힘을 나누는 여행을 해봐도 괜찮을 것 같았다.

이런 생각을 품고 향한 다음 행선지가 바로 스페인이었다.

그 해의 발렌시아를 떠올리면 나는 오묘한 기분에 휩싸인다. 꿈이라고 하기엔 분명 1년여의 시간 동안 내 몸이 숨을 내쉬고 들이마신 곳이었고, 현실이라고 하기엔 그 공간도 그 시간도 어딘지 아득한 느낌이 있다. 2018년의 스페인을 나는 꿈과 현실, 그 사이의 어디쯤인가로 기억한다.

이 책은 한 해를 꿈결 속에서 살다 온 여자의 다소 몽환적인 생활기이다. 정착기일 수도 있겠지만, 조금 긴 여행의 기록일 수도 있을 것 같다. 발렌시아에서 내가 보낸 시간은 일상 같기도 했고 여행 같기도 했다.

성실히 일상을 살아가고 있는 이들에게 대리만족을, 꿈틀꿈틀 일탈을 도모하고 있는 이들에게 청사진을, 그리고 모든 이들에게 휴식을 전할 수 있는 책이기를 바란다. 《스페인의 빨간 맛》이라는 제목을 읽고 이 책을 집어 들었다면, 아마 당신의 가슴속엔 이미 여행의 불씨가 살아 숨 쉬고 있는 것 아닐까. 여행이 정답은 아니지만, 비일상적인 공간에서 경험한 생각의 전환이 내 삶에는 꽤 의미 있는 결과들을 남겨왔다.

차례

1장

여행의 시작

마음껏 사랑할 자유

"여자 혼자 여행하면 위험하지 않아요?"

살면서 가장 많이 들어본 질문 '탑 스리' 안에는 너끈히 들 것 같은 질문이다. 동남아, 인도, 중남미, 중동, 아프리카 등지로 내가 혼자 여행을 다녀왔단 사실을 알게 되면, 상대방의 입에서 흘러나오는 첫 문장은 십중팔구가 저거였다.

하지만 사람들이 으레 생각하는 것과 달리, 여행을 안전하게 하는 건 어렵지 않았다. 지켜야 할 걸 지키면 그뿐이었다. 여행자들이 가지 않는 곳은 가지 않는다든지, 해가 진 후에는 혼자 돌아다니지 않는다든지, 낯선 이의 접근을 무분별하게 받아들이지 않는다든지. 정말로 그거면 충분했다. 2012년 겨울 쿠바 아바나의 카니발 축제에서 10달러 정도가 들어 있던 동전 지갑을 소매치기당한 게 내 오랜 여행의 역사 속에서 최대 규모의 사고였으니까. (그때 정신만 조금 더

바간 미얀마. 2012

셀주크, 터키. 2013

셀주크, 터키, 2013

하푸탈레, 스리랑카, 2014

차렸었더라도 지금 와서 '무사고 여행자' 경력을 으스대 보일 수 있는 건데, 아깝다.)

그리고 하나 더. 나는 여자로서 여행하는 게 참 '좋았다'.

누군가에게 위협의 대상이 될 수 있는 존재라는 사실은, 누구에게도 위협의 주체가 될 수 없는 존재라는 사실과 같았다.

나는 위협적이지 않은 존재였다. 그래서 누구로부터도 경계당하지 않았다. 경계당하지 않아도 되기에 소통에 더 과감할 수 있었다. 나는 처음 보는 사람에게도 주저 없이 말을 걸곤 했다. 기피당한 기억은 거의 없지만 환영받은 기억은 헤아릴 수조차 없다. 사람들은 일말의 의구심 없이 나를 그들의 personal space개인 영역 안으로 들여보내기 다반사였다. 유약해 보였을 내게 현지인들은 하나같이 너그러웠다. 그 너그러운 손길에 힘입어 크고 작은 난국을 헤쳐가는 것이 내겐 여행의 '치트 키' 같은 일이었다.

내가 그들에게 보낸 미소가 그 어떤 곡해를 겪지 않아도 되어서 좋았다. 그리고 여행의 사소한 순간순간, 나 또한 현지인들이 내게 보내오는 따뜻한 관심과 배려를 여실하게 느꼈다. 이곳에서는 그 누구에게 애정을 품어도 내 마음이 다치지 않았다. 마음껏 사랑할 자유, 그것을 나는 위협적이지 않은 여자 여행자의 지위로서 몹시도 충분히 누렸다.

여자 혼자 하는 여행은 역설적이게도 내게 자유를 의미했다. 경계당하지 않을 자유, 그리고 마음껏 사랑할 자유.

오르차, 인도, 2013

그 여행자의 지갑

2013년 2월, 인도 남부 도시 고아Goa. 재고 정리에 혈안이 된 지역 상인들, 그럴싸한 기념품을 찾아 몰려든 여행객들로 사방이 복작거렸다. 나는 그 부산하고도 드넓은 공예 시장의 한가운데 홀로 서 있었다.

제법 마음에 드는 크로스 백을 발견했다. 서울에서 메고 다니기엔 지역색이 과한 감이 있지만, 여행지에서 가볍게 들고 다니기에 손색이 없어 보이는 다분히 '인도스러운' 가방이었다.

가격을 물어보았다. 곧바로 흥정을 시작했다.

상인이 최초에 고시한 가격이 얼마였는지는 기억나지 않는다. 그리고 사실 그건 중요하지도 않았다. 그곳은 정가라는 개념이 존재하지 않는 공예 시장이었다. 게다가 그곳은, 인도였다. 상인이 처음 제시한 가격 그대로를 지불하는 건 바가지 쓰는 일이란 사실쯤은, 거

카주라호, 인도, 2013

기 있던 여남은 살 꼬맹이라도 알 법한 진리였다. 말하자면, 그곳에
서 흥정은 곧 관례였다.

상인과 나 사이의 줄다리기가 시작됐다. 살까 말까 고민하는 척
을 좀 해보노라면, 상인 역시 팔까 말까 고심하는 듯한 내색을 해 보
였다. 제안된 가격을 터무니없어하는 듯한 표정 연기로 상황을 장악
해보려 했더니만, 상인 역시 그 이하 가격은 도무지 상상조차 할 수
없단 듯한 할리우드 액션으로 응수해 보였다. 누구 하나 입장을 굽
힐 기미가 보이지 않았다. 제법 팽팽한 줄다리기였다.

하지만 결국엔 이 또한 지나가는 법. 좀체 끝이 보이지 않던 지난
한 줄다리기에도 마침내 승패는 가려졌다. 상인의 기권, 나의 1승이

오르차, 인도, 2013

었다. 그는 결국 내가 제시한 가격을 받아들였고, 나는 호기롭게 가방을 손에 쥐었다. 그리하여 속으로 쾌재를 부르던 바로 그 순간, 상인이 내게 물어왔다.

"그래서, 너 이제, 행복하니?"

나는 일순간 멍해졌다. 마땅한 대답이 떠오르지 않았다. 한국 돈으로 얼마 되지도 않는 그 푼돈을 아낀 덕에 내가 정말 행복한지, 상인의 바람을 꺾고 나의 어쭙잖은 고집을 지켜내어 내가 진정으로 만족스러운지, 나는 단번에 대답할 수 없었다.

그날 상인과 나는 결국 웃으며 작별했다. 하지만 그의 외마디 물음은 오랫동안 내 머릿속을 떠나지 않았다.

여행의 시작

우다이푸르, 인도, 2013

나는 부끄러웠다. 잠시 잠깐이나마 그 가방을 전리품이라 여겼던 나의 이기심이 부끄러웠다. 여행은 무조건 싸게 하는 게 최고고, 내가 상대보다 더 많이 취하면 그뿐이라고 생각했던 나의 짧은 생각이 무안스러웠다.

콜카타, 인도, 2012

가방이 낡디낡아 더 이상 쓸 수 없는 지경에 이르렀을 때까지 나는 차마 그 가방을 버리지 못했다. 그리고 이따금 인도 여행을 떠올릴 때마다, 2월에도 뜨겁던 고아 Goa의 햇발, 복작대던 그곳 공예 시장, 상인의 파리한 얼굴, 그날 내가 그에게 내밀었던 젖은 푼돈 같은 것들이, 지울 수 없는 형상으로 머릿속에 남았다.

그로부터 5년이 흘러 2018년 2월, 나는 스페인으로 떠나왔다. 시나브로 3월에 접어들었고 이 나라에 온 지도 어느새 4주차였다.

나름 심기일전하고 넘어온 유럽이었다. 하지만 이곳에서 나를 좌

절시키는 존재가 있었다. 다름 아닌 물가였다.

바로 직전에 다녀온 중미 여행에서는 숙식을 포함해 30달러를 넘기지 않는 게 1일 소비 목표였다. 5년 전의 그때 그 인도 여행에서는 한 달이 다 되도록 50만 원을 채 쓰지 못했었다. (믿기지 않겠지만 정말로!) 하지만 이제 그건 말 그대로 먼 나라 이야기였다. 스페인에서는 숙식은 고사하고 숙박만 30달러를 넘기지 않아도 다행스러웠다. 숙박, 식사, 관광, 교통, 그 밖의 모든 것에 대한 소비의 규모가 이전과 비교할 수 없게 컸다. 매일 밤 가계부의 지출 내역에선 내가 이제껏 본 적 없던 숫자가 얄밉게 반짝였다. 그 숫자는 오로지 끝없는 기록 경신을 목표로, 더 높은 저 고지를 향해, 제 몸집을 충실히 불려가고 있는 것만 같았다. 이쯤 되니 궁금해졌다.

스페인의 빨간 맛

스페인 물가 착하다고 했던 사람 대체 누구야?

    물론 이곳에서도 20유로 전후의 가격으로 도미토리 룸의 베드 하나 정도는 예약할 수 있었다. 하지만 스페인에서 그 정도 가격대면 대개가 그 지역의 최저가 숙소에 해당했다. 그냥 저가형 숙소가 아닌 '최저가' 숙소. 그런 숙소에서 감수해야 할 불편한 점들은 자연히 일반 저가형 숙소들에서보다 갑절로 더 많았다.

    그 와중에 에어비앤비의 개인실 하나를 빌려 쓰는 데 드는 비용도 딱 이삼십 유로, 그 수준이었다. 그래, 이거다! 에어비앤비를 써야겠다! 나는 단돈 1불에 전전긍긍해하던 배낭여행자 정신을 잠시 벗어두기로 했다. 그리고 방문하는 지역에서마다 약간씩의 웃돈을 얹어 에어비앤비를 사용하기 시작했다.

    개인실은 편했다. 지저분한 화장실을 공유하느라 비위 상할 일도 없었고, 아침저녁으로 EDM을 빵빵하게 틀어놔도 눈치 주는 사람도 없었다. 얼마 안 되는 추가 비용으로 나는 오롯이 공간을 사유했고 비교할 수 없는 편리를 누렸다.

    하지만 그놈의 '사유화'에 대한 대가가 웃돈 이외에도 더 있었다. 외로움이었다.

    호스텔에서 다양한 국적의 동료 여행자들과 맥주 한 잔씩 함께 나누며 짙어가는 여행지의 밤을 바라보던 낙. 여행지를 추억하노라면 그곳의 유명한 관광지보다 그곳 숙소에서 사귀었던 뭇 친구들의 얼굴이 먼저 떠오르고, 그들과 이따금 연락을 주고받으면서 그때 그 여행지에서의 기억이 꿈이 아니라 현실이었음을 다시 한번 확인해보는 낭만. 그런 기쁨은 에어비앤비 개인실에서는 확실히 포기해야 했다. 나는 이번 여행에서 편리를 취하고 즐거움을 잃은 기분이었다.

나는 더 이상 메뉴판에서 1불이라도 더 저렴한 식사를 고르느라 전전긍긍해하지 않았다. 음료나 디저트를 추가 주문하는 데에도 인색하게 굴지 않았다. 체감상 가깝기만 한 거리를 이동하는 데에 택시비를 10달러 가까이 잃어도 웃어넘겼고, 카페에서 머무는 시간이 조금이라도 길어진다 싶으면 내가 먼저 음료를 한 잔, 두 잔 더 시켜댔다. 잔인한 물가에 저항하는 절약 정신 같은 건 없었다.

나는 스페인에 와서 도리어 소비에 둔감한 여행자로 변해 있었다. 이왕 커져버린 지출에서 한두 푼 더 나간들 달라지는 건 없을 거라는 일종의 염세주의 혹은 패배의식(?) 같은 거였다. 빚이 일절 없는 사람보다, 한 번 빚지기 시작한 사람의 과소비가 더 무섭다 하지 않던가.

하지만 나는 아직도 이따금, 내게 행복을 묻던 그때 그 인도 상인의 얼굴을 떠올린다. 얼마 되지도 않는 푼돈마저 아까워 더 내어주지를 못하고 악착스러운 거래 끝에 헤어졌던, 가난한 나라의 수많은 인연들을 떠올린다. 나는 왜 스페인에 와서야 지출에 민감해지기를 포기했을까. 내가 인색해지기를 진정으로 그만두어야 했던 곳이 과연 이곳이었을까.

나는 약자 앞에서만 강하기를 선택한 비겁한 여행자였다. 유럽에 와서는 소비만이 내 존엄을 입증하는 유일한 수단인 양 거침없이 지출을 이어갔지만, 인도에서 그렇게 아껴댔던 푼돈 얼마와 나의 후안무치함이 나를 존엄케 할 수 없음을 그때는 미처 알지 못했다. 소비의 과정에서 이따금 내가 부린 악착은 결국 수치의 얼굴을 한 부

메랑이 되어 내게 돌아왔다. 취하는 데에 급급한 소비는 나를 행복하게 할 수 없었다.

2018년 3월. 나의 첫 유럽 여행이 내겐 다소 피로했다. 유럽이 아닌 어딘가로 잠시라도 떠나 있다 오고 싶었다. 그래서 비행기표를 샀다. 단 행선지는 꽤 가까웠다. 마드리드에서 비행기를 타고 지중해만 건너면 닿을 수 있는 곳, 북아프리카 모로코였다.

마라케시, 모로코. 2018

모로코 남서부에 위치한 아가디르Agadir 시. 이곳의 한 버스 정류장에 도착했다. 나의 최종 목적지는 서퍼들의 천국으로 알려진 바닷가 마을, 타가주트Taghazout였다. 그곳에 가려면 이 정류장에서 32번 버스를 타야 했다. 하지만 30분에 한 번꼴로 온다던 그 버스는 아무리 기다려도 나타날 줄을 몰랐다. 슬슬 다리가 아파오고 졸음이 밀려왔다. 어느덧 해마저 뉘엿뉘엿 저물어 갔다.

이렇게나 오래 기다릴 바에야 차라리 택시로 편하고 안전하게 가는 게 낫지 않을까. 버스 요금은 7디르함, 우리 돈으로 800원쯤 되는 가격이었다. 아가디르에서 타가주트까지는 20킬로미터 거리였고, 직전에 탔던 이 나라의 택시 요금을 바탕으로 추측해보건대 택시비

스페인의 빨간 맛

는 많이 나온대 봤자 100디르함, 우리 돈으로 만 원이 조금 넘는 수준일 것 같았다. 이미 유럽에서 탈탈 털릴 대로 털리고 넘어온 터라 이제 택시비 만 원쯤은 가벼운 지출로 여겨졌다.

그래, 결심했어. 까짓것, 택시 타고 시원하게 타가주트까지 한 방에 가는 거야. 나는 마음을 굳혔다. 나 자신을 위해 이 정도 사치쯤은 부려도 될 것 같았다.

택시를 잡으러 차도 가까이로 나갔다. 그런데 그때, 내 행동의 의미를 빠르게 간파한 한 현지인 여성이 나를 잽싸게 저지해왔다.

"너 타가주트까지 간다고 하지 않았어? 거기까지는 택시로 못가. 돈이 엄청나게 많이 들 거야!"

그녀는 특히나 "엄청나게"를 엄청나게 강조해서 말했다. 그 순간 그녀가 나를 진실로 걱정하고 있음은 그녀의 근심 어린 눈빛을 통해 어렵잖게 짐작할 수 있었다.

그녀가 말한 '엄청나게 많은 돈'은 내가 생각하는 우리 돈 만 원 수준을 의미했을 것이었다. 실제로 이후에 타가주트에서 주워들은 풍문에 따르면, 타가주트에서 아가디르로 여행자를 태우고 나가는 택시들은 10유로를 기본요금으로 책정한다고 했다.

택시비 만 원을 지출할 의향이 내게 있음을 이미 여러 번 확인한 뒤였다. 하지만 그 순간 나는 계획을 바꾸기로 했다. 피곤하더라도 일단은 버스를 더 기다려보자. 모로코 현지인에게는 '엄청나게 많은' 금액일 그 돈을 거드름 부리듯 쓰는 모습을 그녀에게 보이고 싶지 않아서였다.

이후로도 꽤 오랫동안 버스를 기다렸다. 그리고 32번 버스가 마침내 도착했다. 나는 속으로 환호하며 버스로 달려갔다.

기쁜 맘으로 버스에 발을 올리려던 그 순간, 문득 그녀가 눈에 밟혔다. 뒤돌아보니 그곳에서 그녀는 날 향해 더없이 환한 미소를 보내고 있었다. 나는 그녀에게 손을 흔들어 작별 인사를 전했다. 그녀도 날 향해 힘차게 손을 흔들어 보였다. 무거운 짐을 이고 늦저녁 만원 버스에 올라타 삼십여 분을 이동하는 건 분명 녹록지 않은 일이었다. 하지만 착하기 이루 말할 데 없는 모로코인들의 양보와 배려를 한 몸에 받아, 나는 종국에 무사히 타가주트에 도착해 있었다.

여행 중에 나는 무엇을 바라 소비하는가.

행복한 여정을 완성하는 현명한 소비의 방향을 파악하기란 내게 여전히 어려운 일이다. 다만 여행 중에 내가 취한 그 모든 결단과 행동이 나의 행복뿐 아니라 상대의 기쁨을 함께 목표한 것이었을 때 내 마음에 요동 없는 깊은 만족이 일더라는 것만을 경험적으로 알 뿐이다. 채워지지 않은 지혜를 희구하는 연유로, 끝이 보이지 않는 긴 여행길 위에 나는 서 있지 않던가.

여행 아니면 이혼!

사하라 사막 한복판에서 익숙한 언어가 들려왔다. 거친 바람 소리에 부딪쳐 다소 희미한 음성이었지만, 분명했다. 그건 한국말이었다.

한국에서 지구 반바퀴는 돌아야 겨우 도착할 이 황량한 모래벌판 한가운데서 모국어가 들려오다니. 반갑기도 하고 꿈같기도 하고, 아무튼 나는 소리가 들리는 방향을 따라 걸어가보았다. 그곳에는 60대쯤 돼 보이는 중년 부부 한 쌍이 서 있었다. 새벽 어스름 속에서 낙타에 오를 채비를 하며 아침을 기다리고 있던 두 사람.

알고 보니 그들은 30여 년을 아르헨티나에서 살아온 한인 교민 부부였다. 오래간만에 만난 한국인이 그리도 반가우셨을까. 아주머니는 (약간 과장 더해) 잃어버렸던 딸이라도 찾은 듯 나를 기쁘게 맞아주셨고, 낙타에 올라 서로 앞서거니 뒤서거니 사막을 가로질러 가는 긴 시간 동안에도 끝없는 수다를 늘어놓으셨다.

사하라, 모로코, 2018

초면인 나에게 당신의 속 깊은 이야기들까지도 참 살뜰히 풀어놓으셨는데, 요는 이런 거였다. 나이 육십 줄에 접어들고서야 당신 여생의 의미는 당신 스스로 찾아야 하는 거란 사실을 깨달았고, 그 큰 깨우침을 얻은 즉시 남편에게 "여행 아니면 이혼!"을 외치며 세계여행을 준비하기 시작했으며, 장장 5년에 걸친 준비 끝에 마침내 생애 첫 배낭여행 길에 올라 이곳 모로코까지 와 있는 거라고.

마음먹기 쉽지 않았고 준비 기간도 길었던 만큼 여행의 매 순간 가슴이 벅차오른다 말하던 아주머니의 눈망울이 새벽빛 속에서 반짝였다. 여행이란 누군가에게는 이토록 큰 용기와 결단, 정성을 요하는 것이거늘, 나는 그동안 얼마나 가벼운 마음가짐으로 여행에 임해왔던가. 나는 나의 무모함이 문득 아찔했다.

나는 떠나는 것에 제법 익숙했다. 방 한구석에는 낡은 여행 배낭이 상시 대기 중이었다. 여행 준비물 목록을 체크해가며 배낭을 채워나가면 그뿐이었고, 그마저 출국 전날에야 벼락 치듯 진행되기 십상이었다. 비행기 표는 무조건 최저가로. 숙소 예약은 도착 당일의 것만 미리. 여행 계획은 여행지 도착하면 그때 가서. 누군가에게는 일생일대의 용단을 필요로 했다는 여정 앞에서 나는 그렇게 늘 무모하고 대담했다.

다만 이런 내게도 시작부터 걱정과 긴장과 두려움이 한데 몰려오던 여행이 하나 있긴 했다. 바로 이번 스페인행이었다.

틈이 날 때마다 여행을 해온 시간이 햇수로 십여 년. 게다가 2017년 한 해는 하던 일마저 쉬고 줄곧 여행만 다니기까지 했으니, 이제 방랑을 향한 나의 갈증은 얼추 풀릴 때도 된 것 같았다. 하지만 그 긴 시간의 끝에서도, 나는 아직 내가 못다 이룬 일이 남아있는 것만 같은 찜찜한 느낌을 지울 수 없었다. 단순히 여행을 더 하고 싶다는 욕심은 아니었다. 일하기가 싫어서 세월아 네월아 농땡이를 더 피워보겠다는 어리광도 아니었다.

'도전'에 대한 갈망이었다. 나는 내가 해보지 않은 것에 도전하고 싶었다. 그리고 그 도전은 지금이 아니면 힘들 것 같았다. 한 번 일터로 돌아가고 나면 지금처럼 나만을 위해 긴 시간을 다시 내기는 어려울 게 분명했다. 마침 지난 1년 간 충분히 휴식했고 에너지도 회복해뒀으니, 도전을 위한 타이밍은 이보다 더 완벽할 수 없다고 생각했다.

장소는 스페인. 8년간 손 놓았던 스페인어 공부를 그곳에서 다시 시작해보기로 했다. 그리고 그 생활 속에서 켜켜이 쌓여갈 나만의 글감들을 구색을 갖춘 기록의 형태로 재구성해보기로 했다. 공부 그리고 글. 더도 말고 덜도 말고 딱 이 두 가지만 해내고 오자. 그렇게 다짐하며 끊은 스페인행 비행기표였다. 말하자면, 나는 생전 처음 분명한 결과물을 목표로 한 여행길에 오르는 셈이었다.

출국일을 앞두고 오래간만에 느껴보는 긴장감이 싫지만은 않았다. 처음으로 베트남행 비행기에 홀로 몸을 실어보았었던 스무 살적의 초조함도 떠올랐다. 아르헨티나 아주머니가 세계여행을 결심했을 때의 마음, 지난 5년 간 여행을 준비하며 느꼈다던 긴장과 설렘. 돌이켜보니 그 모든 게 결코 먼 이야기 같지 않았다. 우리 둘 다, 다시금 출발점에 서 있는 사람들이었다.

목적지를 지운 항해의 끝에서

하늘이 청명하고 햇살이 따사로운 곳. 풀잎 향기를 머금은 공기가 청아하고 사람들의 미소가 온유한 곳. 드넓고 푸른 바다가 나를 껴안는 곳. 여행 중에 그런 곳을 만날 때면 나는 늘 생각했다.

'아, 이런 데서 살고 싶다!'

가슴속에서 우러나온 진심이었든 그저 입버릇처럼 내뱉어본 탄식이었든, 누구라도 여행지에서 한 번쯤은 저 외마디 탄성을 질러보지 않았을까. 마음에 쏙 드는 곳을 발견했다는 반가움. 하지만 이내 그곳을 떠나야 한다는 아쉬움. 두 가지 감정이 한데 피어올라 마음을 휘젓는 사이, 우리는 어느덧 그 장소를 떠나고 우리의 탄성만이 오래도록 제자리를 맴돌았을 일이다.

하지만 이번만은 달랐다. 말하자면, 이건 기회였다. 살고 싶은 곳에 살 수 있는 기회. '이런 데서 살고 싶다' 생각이 들면 그냥 살아버

리면 되는 기회!

스페인을 여행하다 마음에 드는 도시를 발견하면 그곳에 정착하리라고 아예 작심하고 떠나온 여행이었다. (뭐, 1년이 조금 안 되는 짧은 기간이긴 했지만 그래도 사는 건 사는 거니까.) 일찍부터 기대감이 피어올랐다. 내게 주어진 과제는 단 하나뿐이었다. "이런 데서 살고 싶다!"를 외치는 것.

그런데, 그게 생각처럼 쉽지가 않았다. 살고 싶은 곳이 너무 많아서 결정을 못 내리고 어영부영 세월을 보내는 건 아닐까 걱정했었는데, 아, 돌이켜보니 그건 정말 기우 중의 기우였다. 나는 스페인에 온 지 꽤 오랜 시간이 지나서까지도 살 곳을 결정하지 못하고 표류해야 했다. 살라고 멍석을 깔아줬는데 왜 살지를 못하니!

첫 번째 행선지는 세비야Sevilla였다. 세비야. 왠지 이름부터 마음에 드는 것 같았다. 첫 번째 도시부터 너무 만족스러우면 어떡하지. 다른 도시들은 더 돌아볼 필요도 없다며 바로 이곳에 짐을 풀어버리는, 그런 즉흥적이고 낭만적이고 되게 '자유로운 영혼' 같은 결정을 내리게 되는 건 아닐까. 나는 설레는 상상을 하며 도시에 들어섰다.

물론, 세비야는 듣던 대로 아름다웠다. 구시가지의 역사적인 건축물들이 그 화려함과 웅장함으로 나를 압도했다. 안달루시아 지방에서 가장 큰 도시답게 두루 번화해 있어 살기에도 불편한 점이 없어 보였다.

하지만 딱 거기까지였다. 나는 이곳에 살고 있는 내 모습을 쉽게 떠올려볼 수 없었다.

세비야는 나에게 주거지보다는 관광지의 느낌으로 다가왔다. 도시 곳곳을 점령한 수많은 관광객들이 온종일 시야에서 떠날 줄을 몰랐다. 앞, 뒤, 양 옆을 모두 둘러봐도 사방에 중국인, 한국인들이 한 무리씩은 꼭 포진해 있던 덕분에 나는 이따금 피로감을 느꼈다. (내가 지금 유럽에 와있는 건지, 한국에 와있는 건지.) 물론 관광의 거점 위주로만 도시를 돌아본 나의 동선이 문제의 주범이었을 거다. 하지만 어쨌든 이 도시에서는 "이런 데서 살고 싶다!" 소리가 아무래도 나오지 않았다.

오케이. 이곳은 아닌가 보다. 나는 미련 없이 세비야를 떠났다. 남은 기회는 앞으로도 많으니까.

그런데 이후에 방문한 도시들에서도 사소한 단점들이 눈에 밟히기는 마찬가지였다.

론다Ronda와 그라나다Granada는 미식美食과 미관美觀이 공존하는 매력적인 산간 도시들이었다. 하지만 바다를 곁에 두고 살아보고 싶다던 나의 오랜 바람을 버리기 힘들어 내륙 지역에서의 정착은 일단 보류해야 했다. 마침내 카디즈Cadiz와 네르하Nerja처럼 아름다운 해변 도시들과 마주했을 땐, 이렇다 할 쇼핑몰 하나 없는 외곽 도시에서 장기간 체류하는 것이 심심하지는 않을지 지레 걱정부터 앞섰다. 그래서 도착한 도시가 해변을 끼고 있으면서 번화하기까지 한 말라가Malaga였다. 하지만 여기서는 자동차들도 더 빵빵거리는 것만 같고 사람들도 불친절한 것만 같고, 왠지 모르게 차가운 도시의 인상 탓에 이곳에 오래 머물 맘이 도무지 내키지 않았다.

예상과 달리, 정착지를 모색하는 나의 여정에는 쉽사리 끝이 보이지 않았다. 그동안 수많은 여행지들에서 '살고 싶다'는 생각을 떠올려 왔었건만, 막상 살고 싶은 곳에서 살 수 있는 기회가 주어졌을 때에는 살고 싶은 곳이 더 이상 눈에 띄지 않았다.

　도시를 여행지로서 바라보는 것과 정착지로서 바라보는 것 사이에는 무시할 수 없는 규모의 차이가 존재했다. 나는 도시들을 본연의 모습 그대로 받아들이는 대신, 내가 그리는 정착지의 조건을 기준 삼아 그들을 평가하고 재단하고 있었다. 최적의 정착지를 찾아내고야 말겠다는 욕심은 내게서 여행의 만족감을 앗아갔고, 어느새 나는 관대함을 잃은 까탈스러운 여행자로 변해 있었다.

　문득, 이건 내가 진정으로 원하던 여행이 아니라는 생각이 들었다.

　욕심을 비우기로 했다. 오로지 행복을 최우선의 가치로 두던 내

오랜 여행의 습관으로 되돌아가기로 했다. 끝내 한 곳에 정착하지 못하는 한이 있더라도, 이번 여행을 떠나오며 목표했던 결과물들을 포기하는 한이 있더라도, 지금 이 순간을 온전히 즐기는 것 이상으로 중요한 건 떠올릴 수 없었다.

그래, 한 박자 쉬어가자. 그때 나는 스페인에서의 치열했던 탐색전을 접어두고 잠시 모로코로 날아갔다. 그리고 모로코 여행을 마치고 다시 돌아왔을 때 나를 반겨준 도시가 바로 발렌시아^{Valencia}였다.

발렌시아의 첫인상은 따뜻함이었다.

마드리드에서 출발한 버스가 네 시간 여를 달려 마침내 발렌시아에 도착했을 때, 버스에서 내리자마자 느껴지던 도시의 그 따뜻한 온기가 참 좋았다. 삼월의 끝무렵까지도 마드리드와 모로코에는 제법 쌀쌀한 날씨가 계속되고 있었다. 그러니까 말하자면 발렌시아의 온기는 내가 그 해에 느껴보는 첫 봄기운이었다.

도시의 하늘은 높고 푸르렀다. 삼월의 그 맑은 하늘 아래로 발렌시아를 가로지르는 투리아^{Turia} 정원의 녹음이 짙게 깔려있었다. 눈부신 햇발을 받아 정원의 푸른 잎들은 더더욱 푸르게 빛났다. 그곳을 걷는 주민들의 표정도 하나같이 온후했고 덕분에 내 마음도 덩달아 잔잔해지는 것 같았다.

스페인에서 세 번째로 큰 자치 도시라는 타이틀이 무색하지 않게, 대성당, 시청 광장 등을 비롯한 도시의 뭇 관광지들에 분명 적지

않은 수의 방문객들이 북적였다. 그래서 더 이상할 노릇이었다. 그
렇게 사람이 많은데도 불구하고 이곳은 절대로 소란한 법이 없었다.
도시는 활기차지만 부산하지 않았다. 낮이고 밤이고 늘 평화로웠다.
여기저기서 뿜어내는 소리들 가운데 일정 수준 이상의 불필요한 데
시벨을 알아서 치워가는 '소음 청소부'가 있는 것만 같았다. 아니면,
유명한 '발렌시아 오렌지'를 키워낸 바로 그 따스한 햇살이 이곳의

잡음들까지 한데 녹여버리는 것도 같았다. 발렌시아는 마치 소박하지만 단정하게 차려입어 맵시가 나는, 어느 어질고 겸손한 노부인과도 같았다.

구시가지의 유명한 오르차타Horchata[1] 가게 안에서였다. 오르차타 한 잔과 파르톤 한 개를 깨끗이 비워냈고, 어느새 해가 저물어 바깥은 어둑어둑했다. 숙소로 돌아갈 시간이었다. 아직 이곳 지리에 익숙지 않았던 나는 옆 테이블에 앉아있던 여성에게 다짜고짜 "우리 집까지 가는 길을 알려달라"며 도움을 요청했다. 한눈에도 이방인 같아 보였을 나를 보고는, 그녀는 당황하는 법도 없이 친절하게 교통 정보를 찾아주었다.

"발렌시아에는 어쩌다 오게 된 거야?"

"나는 지금 스페인의 여러 도시들을 여행하고 있는 중이야. 안달루시아, 마드리드를 거쳐 오늘 발렌시아로 넘어왔어. 여행하는 도중에 마음에 드는 도시를 만나면 그곳에 짐을 풀 생각이야. 그곳에서 올 한 해를 보내다 가는 게 내 계획이고."

"그렇다면 너는 틀림없이 발렌시아를 좋아하게 될 거야. 발렌시

---

[1] 발렌시아에 기원을 둔 지중해 전통의 곡물 음료. 타이거 넛츠를 주재료로 하여 달달하게 맛을 낸 발렌시아 스타일이 가장 전통적인 형태이지만, 쌀과 계피를 활용하거나 바닐라를 첨가하는 등 다양한 방식으로 변형된 오르차타가 전 세계에서 소비되고 있다. 발렌시아에서는 파르톤Farton이라고 불리는, 설탕을 바른 폭신한 빵을 곁들여 먹는 게 일반적이다. 보통 한국인들은 이 음료를 마신 뒤 자연스레 '아침햇살'을 떠올린다는 풍문.

아는 필요한 모든 것을 다 갖춘 대도시이면서도, 마드리드나 바르셀
로나처럼 복잡하지는 않은 곳이거든."

그녀는 확신에 차있었다. 동서고금의 진리랄지 학계에서 입증된
학설이라도 전하는 것처럼, 그녀는 내가 '틀림없이' 발렌시아를 좋
아하게 될 거라고 장담하듯 말했다.

발렌시아를 향한 찬가는 비단 그녀 한 명에서 그치지 않았다. 다
음 날 식당에서 알게 된 한 파라과이인 종업원은 자기도 스페인 전
역을 전전하던 끝에 이곳 발렌시아에 정착하게 된 주민이라고 했다.
그가 발렌시아를 선택한 이유는 앞서 여성이 말한 바와 같았다. 구
색을 모두 갖추어 번화한 동시에 시끄럽지 않고 여유가 넘치는, 보

통은 한데 갖추기 힘든 그 이중의 매력! 숙소 주인인 마리야^{Mariya} 역시 스페인의 여러 도시들을 거쳐 이곳에 정착한 지 10년이 넘어가는 불가리아인이었다. 그녀는 발렌시아야말로 합리적인 물가로 자연과 문명, 문화를 모두 누릴 수 있는 최적의 정착지라고 칭송했다.

발렌시아 여행이 예정보다 길어지고 있었다. 하루 이틀 지내다 보면 '아, 이 도시도 아닌가 보다' 싶은 생각이 들어 약간의 실의를 안고 도시를 떠나곤 했던 나의 새로운 여행 습관이 이곳에선 자취를 감췄다. 발렌시아는 달랐다. 오래 머물수록 더 오래 머물고 싶었다. 하나둘을 알아갈수록 셋넷을 더 알고 싶었다. 거부할 수 없는 도시의 매력들이 하루, 그리고 하루 더, 나를 이 도시에 붙잡아두고 있었다.

여느 대도시 부럽지 않을 만큼 크고 번성해 있어 생활이 불편할 걱정은 없었다. 역사와 예술, 과학, 스포츠가 모두 융성한 문화 도시인 덕에 무료할 걱정 역시 접어둬도 괜찮았다. 트램을 타고 몇 정거장만 나가면 지중해 연안의 해수욕장이 드넓게 펼쳐져 있었고, 연중 온화한 기후는 유독 추위에 민감한 내게 그야말로 안성맞춤이었다. 다른 대도시들보다 저렴한 물가는 덤이라고 해야 할 정도.

그러나 나는 무엇보다, 발렌시아의 여유가 좋았다. 이곳은 법석거리는 법이 없었다. 도시 자체가 잔잔한 물결과 같았다. 투리아 정원에 흘러넘치는 생동감은 소리 없이 강했고, 거리의 운전자들은 절대로, 단 한 번도 보행자를 재촉하는 법이 없었다. 마음에 여유가 가득한 발렌시아인들과의 대화는 언제나 유쾌했다. '발렌시아에 산다는 건 어떤 느낌일까' 떠올려보던 나에게, 이곳에 정착하게 된다면 무엇이든 발 벗고 도와주겠노라며 적극적인 제스처를 취해 보이는 주민들도 심심찮게 만났다. 태양을 사랑한 도시여서일까. 발렌시아는 사람들의 마음 씀씀이에마저 온기가 가득한 것 같았다. 나는 이 도시에 점차 깊은 애정을 느껴갔다.

'아, 여기서 살아야겠다.'

어느 날 문득 그렇게 결심이 섰다. 걱정이나 의구심 같은 건 들지 않았다. 발렌시아면 될 것 같았다. 오르차타 가게의 여인이 내게 보였던 그날의 확신만큼이나 굳은 결단이었다.

꿈이 참 중요하게 여겨지던 시절이 있었다. 사람은 모름지기 꿈을 갖고 살아야 하는 법이고, 꿈을 향해 달리는 인생만이 이상적이고 가치 있는 인생이라고 믿었던 시절이 있었다. 하지만 꿈은 나를 움직이게 하는 원동력인 동시에 때때로 나를 모질게 옭아매는 굴레일 수 있음을, 나는 세월을 통해 시나브로 알아갔다. 꿈이라는 이름으로 포장된 목표에 얽매인 삶이 과연 나를 진정으로 행복하게 하던가, 나는 수차례 반문하고 번민했었다.

어쩌면 중요한 건 목적지에 도달하는 것만이 아닐 수도 있다는 생각을 했다. 방향성을 잃지 않고 한 발짝 한 발짝 나아가는 거면 충분할 수도 있겠다는 생각을 했다. 내가 내 가치관을 잊지 않고 꾸준

한 발걸음을 멈추지 않는 한, 그 어떤 예기치 않은 지점에 도착해서도 나는 행복할 거라는 직감을 했다.

그 실례가 이번 여행에 있었다. 여행의 목표에 대한 강박을 지우고 나니 그리도 염원했던 종착지가 비로소 시야에 들어왔다. 목적지를 지운 항해의 끝에서, 나는 발렌시아를 만났다.

꿀 먹은 벙어리

스페인어를 처음 접했던 건 '스페인어 입문 1'이라는 강의에서였다. '입문 2'도 아니고 '입문 1'이었으니 그야말로 스페인어를 조금도 배워본 적 없는 완전 초급자들을 위한 교양 강의였다. 그 강의를 들었을 때 내가 대학교 2학년생이었으니까, 그게 벌써 11년 전 이야기다.

서어서문학과에서 개설된 그 강의를 친구도 없이 무턱대고 혼자 수강했던 이유는 딱 하나였다. 중남미 여행을 가고 싶어서.

그때만 해도 미주 여행이라 하면 으레 캐나다 또는 미국 정도로의 여행을 의미했고, 그보다 남쪽에 위치한 나라들로의 여행은 지금처럼 보편적이지 않았다. 그래도 인터넷 커뮤니티를 뒤지고 뒤지다 보면 '마이너 여행지'를 먼저 탐험하고 돌아온 '여행 선구자'들의 정보를 어렵잖게 발굴해낼 수 있었는데, 나는 그런 후기들을 읽고 중남미 여행의 꿈을 키워가며 나의 대학 초년생 시절을 보냈다.

스페인의 빨간 맛

멕시코시티, 멕시코, 2008

선구자들이 묘사하던 바에 따르면 그 대륙은 영어도 통하지 않는다는 미지의 세계였다. 때문에 그곳을 여행하려면 기본적인 스페인어는 꼭 알고 가야 한다는 풍문이 정설처럼 받아들여졌다. 과테말라에 가면 안티구아Antigua라는 동네가 있는데, 거기서 일정 기간 스페인어를 배운 뒤 남쪽으로 일주하는 '남향' 코스가 여행자들 사이에서 인기더라는 풍문도 어렴풋이 접했다.

아무튼 이런저런 '카더라 통신'에만 의지해 여행을 꿈꿔야 했던 나로선, 그게 '스페인어를 모른다면 중남미 여행은 꿈도 꾸지 마라' 수준의 압박으로 여겨졌다. ("괜찮아, 스페인어를 못해도 충분히 살아남을 수 있어"라며 자신의 경험담을 말해줄 수 있는 경험자가 내 주변에 아무도 없었다.) 그래서였다. 스페인어 공부는 나에게 선택이 아니라 필수였다. 고3이 수능을 준비하고 대학 새내기가 술을 배우듯, 나는 2학년이 되자마자 자연스럽게 '스페인어 입문 1' 강의를 수강했다.

'스페인어 입문 1'을 무사히 배우고 다음 학기에는 '스페인어 입문 2'까지 뗐다. 내친김에 그다음 학기에는 무려 '스페인어 산문 강독'이라는 제법 그럴싸한 이름의 강의까지 수강했으니 이제 어렵지 않은 글들은 얼추 읽고 쓸 수 있을 것 같았다. 다녀와본 적도 없는 라틴 아메리카의 풍경이 벌써부터 눈 앞에 그려지는 듯했고, 얼른 나의 이 일취월장한 스페인어 실력을 써먹어보지 않고는 못 배길 것처럼 온몸이 근질거렸다.

그러던 내게 마침내 기회가 찾아왔다.

때는 2008년 11월. 당시에 나는 미국 오클라호마 대학교에서 교환학생으로 지내고 있었고, 역시 미국의 다른 지역에서 공부하고 있던 친구와 함께 추수감사절 방학을 같이 보낼 계획을 궁리하고 있었다. 관건은 '어디서 만나느냐'였다. 오클라호마도, 친구가 지내던 사우스캐롤라이나도, 매력적인 선택지로 보이지 않았다. 그렇다면 동부에 가서 영화 속 뉴욕의 가을을 음미해볼까. 아니면 서부에 가서 히피 감성을 흠씬 충전해올까. (그 시절 우리 모두의 메신저였던) MSN을 통해 우리는 우리가 선택할 수 있는 모든 옵션들의 장단을 면밀히 따져봤고, (참여자라고 해봤자 둘 뿐이긴 하지만) 만장일치로 모두가 만족하는 결론에 마침내 도달할 수 있었다.

그래! 멕시코에서 만나자!

나로선 꿈에 그리던 중미를 코앞에 두고 내려가 보지 않을 이유가 없었다. 친구 역시 나와 함께라면 미국의 여느 메트로폴리탄보다는 지역색이 강한 이국을 여행해보고 싶다고 말했다.

접선 장소는 멕시코시티의 베니토 후아레스 국제공항. '우리가 멕시코에서 만난다니!' 하는 생각에 둘 다 너무나 들떠 있었던 게 문제였을까. 우리는 각자가 공항에 도착하는 '시간'만 얘기해뒀을 뿐, 정작 서로가 어느 도시에서 출발하는 어떤 비행 편을 통해 도착할지를 미처 공유해두지 않았다.

오악사카, 멕시코,, 2017

'망했다!'

지금처럼 스마트폰이 있는 시절도 아니었고, 그나마 갖고 있던 싸구려 폴더폰마저 미국 밖에선 먹통이었다. 서로 연락할 방도가 없어 그야말로 발만 동동 구르고 있던 차에, 넓디넓은 국제공항의 한복판에서 몹시도 우연히 친구를 발견했다! 우리는 누가 먼저랄 것 없이 와락 서로를 부둥켜안았다. 멕시코 미아로 남지 않아도 된다는 사실에 안도감도 들고, 냅다 "○시 ○○분에 도착할 거야"라고만 서로 던져놓고 이후 상황은 고려조차 안 했었던 우리 모습이 우습기도 하고. 그렇게 정신 못 차리고 마냥 희희낙락했던 그 시절 우리들 나이가 스물한 살이었다.

아무튼 그런 말도 안 되는 우여곡절의 끝에서 우리의 첫 중미 여행이 시작됐다. 역시 신은 우리를 버리지 않으신다는 둥 이런 게 다 여행의 묘미라는 둥, 서로의 정신 승리를 북돋우며 우리는 공항을 빠져나가는 택시에 올라탔다.

운전석에는 택시 기사 아저씨가 앉아 있었다. 아저씨의 얼굴을 보니 그제야 번쩍 생각이 들었다. '아 참, 내가 스페인어를 쓰는 나라에 와 있었지!' 말하자면 그 기사 아저씨는 내가 태어나서 처음으로 상대해보는 진짜 '원어민'이었다.

인사까지는 쉬웠다. "올라Hola! 께 딸Qué tal?"만 하면 되었다.

하지만 문제는 그다음이었다. 도무지 대화를 이어갈 수가 없었다. 알아들어야 하는데 들리지가 않았고, 입을 떼야 하는데 말문이 막혔다. 겨우 숫자나 간단한 단어 정도를 떠듬떠듬 읊어볼 수 있었을 뿐, 아저씨가 묻는 말에 내가 제대로 된 문장으로 대답할 수 있는 건 하나도 없었다.

그때 나는 깨달았다. 나는 읽고 쓰는 건 배웠으나 말하고 듣는 것을 배운 바가 없는, 국내 외국어 교육의 고질적인 폐해를 답습한 한 명의 무력한 이방인에 지나지 않는다는 사실을. 내가 멕시코로 떠나오기 전에 미처 고려하지 않았던 건 비단 친구와의 미팅 포인트뿐만이 아니라 나의 미천한 회화실력이기도 했음을!

마치 '외국인을 친히 영어로 응대해주는 자비 같은 건 이 땅에서 기대하지 않는 게 좋아'라고 미리 경고장을 날리려는 듯, 기사 아저씨는 내가 알아들을 수 없는 그 방대한 어휘들을 거침없는 속도로 쏘아댔다. 어휘들은 나의 한쪽 귀를 타고 들어와 반대쪽 귀로 잽싸게 빠져나갔다.

내가 상상했던 나의 화려한 외국어는 그곳에 없었다. 그토록 고대해왔던 라틴 아메리카 여행이었건만, 막상 멍석을 깔고 보니 나는 꿀 먹은 벙어리가 되어있었다. 같이 온 친구가 웃으며 말했다.

"야, 너 스페인어 할 줄 안다며!"

나의 스페인어 이야기

그래도 한 열흘 멕시코에서 있어봤다고, 여행의 막판에 가서는 얼추 입이 트이는 것도 같았다. 그래 놓고 보니 또 이놈의 근거 없는 자신감이 스멀스멀 발동하기 시작했다. 쇠뿔도 단김에 빼렸지 하며 스페인어 공인 자격증 시험인 '델레DELE'에 덜컥 응시. 결과는 보기 좋게 낙방. (제일 낮은 급수로 응시했었단 사실이 나의 낙방을 더욱 참담하게 했다.) 세상에 쉽지 않은 시작은 없다지만, 나의 스페인어 입문기는 예상보다 더욱 볼품없는 것만 같았다.

그렇기에 아직 더 뽑아야 할 본전이 많이 남아있었다. 고작 열흘 여행하겠다고 배운 스페인어가 아니었다. 델레 초급에 떨어진 것으로 나의 스페인어 정복기가 마무리돼선 안 되는 거였다.

2010년 3월. 나는 4학년 1학기를 맞아 학교로 돌아가는 대신에 에콰도르행 비행기에 올랐다. 일본을 거쳐, 미국을 거쳐, 마침내 에콰도르에 도착. 키토Quito의 마리스칼 수크레 국제공항에는 내 이름이 크게 적힌 팻말을 들고 나를 기다리던 한 사람이 있었다. 앞으로 1년 간 내가 일하기로 한 이곳 NGO의 대표님이었다.

인터넷을 통해 알게 된 에콰도르 지방도시의 한 비영리기구였다. 당시에 한창 떠오르던 '마이크로 크레디트'의 개념을 도입한 기관이 었는데, 원주민 여성들에게 저금리 대출, 지속적인 경영 교육 및 관리, 여성 연대의 기회를 제공함으로써 원주민 사회에서의 여권 신장과 지역 경제 발전을 함께 도모하는 곳이었다. 나는 '바로 여기다!'라고 생각했다. 기관이 추구하는 가치와 이곳 프로그램의 골자가 마음에 들었고, 심지어 복작거리는 수도가 아니라 지방도시에 위치해 있다는 점마저 매력적이었다. 나는 당장 이곳 대표님에게 이메일을 보냈다. 당신의 기관에서 인턴으로 일해보고 싶다며 미천한 스페인어 실력으로 한 줄 한 줄 써 내려간 나의 이력서와 함께.

다행히도 대표님은 관대한 분이었다. 그는 나의 방문을 친히 허락했고 나는 그의 컨펌이 떨어지기가 무섭게 에콰도르행 비행기 표를 끊었다. 말이 인턴이지 사실은 봉사활동이나 다름없는 무급의 직위였다. 다만 나의 무모한 열정과 용기를 어여삐 여긴 대표님이 나를 위해 그럴듯한 스튜디오 한 채를 준비해줬는데, 결국엔 그것도 무용지물이긴 했다. 스튜디오에 입주하기 전 며칠 동안만 기관의 한 여직원의 집에서 머물기로 했던 게 그만, 그녀의 가족과 정이 깊어져 버리는 바람에 이후로도 쭉 그 집에서 눌러앉게 된 것이었다. 아

리오밤바, 에콰도르, 2010

리오밤바, 에콰도르, 2010

무런 대가 없이 나를 1년 간 돌봐주겠노라며 자비를 아끼지 않았던 그 가족을 돌이켜보면 지금도 내 맘이 아련해온다.

자비롭지 못했던 건 오로지 내 스페인어 실력뿐이었다. 멕시코 열흘 여행 그때 이후로 내 실력에는 특별히 더 나아진 게 없었다. 대표님과 직원들도 내 앞에서 티를 안 냈을 뿐 처음엔 제법 당황해했었을지 모를 일이다. 그럴싸하게 써서 보냈던 이력서만큼이나 특출한 동양인 인턴을 기대했을 텐데, 막상 뚜껑을 열어보니 자기소개 정도나 겨우 떠듬거릴 줄 아는 스페인어 생짜 초보가 와있었으니.

하지만 물은 엎질러졌고 나는 에콰도르에 와있었다. 맨땅에 헤딩하는 격이더라도 일단 부딪혀보는 수밖에 없었다. 나의 무모함과 기관 사람들의 인자함. 이 둘이 만나 나의 1년 여의 장정은 어떻게든 막을 열 수 있었다.

리오밤바Riobamba는 안데스 산맥의 한 자락을 지나는, 에콰도르의 정중앙부에 위치한 도시였다. 침보라소Chimborazo 주의 주도인 동시에 '에콰도르 교통의 요지'라는 수식어까지 달고 있는 곳이었으니 결코 작은 도시라고는 할 수 없었다. 그런데도 이곳에선 외국인은 물론이거니와 영어를 할 줄 아는 현지인조차 흔치 않았다. 장소 불문 24시간 내내 스페인어, 스페인어, 그리고 또 스페인어뿐이었다.

물론 그 덕에 앞길이 깜깜하던 나의 스페인어 실력에도 차츰 발전의 기미라는 게 보이기 시작했다는 건 좋은 일이었다. 한 달 차 때는 미미했던 변화가, 두 달 차, 세 달 차에 이르니 제법 눈에 띌 만해졌다. 열심히 외워도 그때뿐이었던 동사의 변형들이 점차 머릿속에서 기틀을 잡아갔다. 어색하기만 하던 스페인어식 강세도 입에 착 달라붙기 시작했다. 방대한 양의 어휘들이 시나브로 머리에 박혀 들어왔고, 이제 그 익숙해진 어휘들을 돌려 써가는 것만으로도 어렵지 않게 내 의사를 표현할 수 있었다.

그리고 네 달 차. 그즈음 나는 같이 살던 여직원 마르타Martha와 함께 남미 일주를 다녀오게 됐다. 접경 국가인 페루에서 시작해, 볼리비아, 칠레, 아르헨티나를 따라 내려가, 우루과이, 브라질을 잠깐씩 찍고 돌아오는 여정이었다. 한창 예민할 나이대의 여자 단 둘이서 낯선 환경에 내던져졌던 탓일까. 여행길에서 나와 마르타는 전에 없이 옥신각신하는 일이 잦았다. 답답한 속내를 끄집어내 보여줄 수도 없고 그때마다 내가 할 수 있는 일이라곤 주저리주저리 설명을 더해가며 내 입장을 해명하는 일뿐이었는데, 그러다 보니 어느 순간

부턴가는 '아웃사이더'에 빙의한 듯 내 말의 속도가 급물살을 타고 빨라지기 시작했다. 예기치 않게도 스페인어 실력이 막판에 가서 수직상승 곡선을 타기 시작한 거였다.

'이래서 외국어를 배우려면 그 나라의 애인을 사귀라고들 하는 거구나!' (물론 나는 마르타의 존재로 말미암아 연애라는 수고를 덜어도 되는 큰 행운(?)을 누렸지만.)

기관에서 내가 맡은 업무는 매우 자잘한 종류의 것들이었는데, 그중 하나가 우리 기관의 사업을 돕는 여러 분야의 관계자들을 취재하는 일이었다.

그중 특히 내게 깊은 인상을 남겼던 직군은 의료계 종사자들이었다. 외딴 산간 지역에 사는 가난한 원주민 여성들이 정기적으로 부인과(科) 검진을 받을 수 있게끔 무료 의료 서비스를 제공하던 산부인과 의사 선생님들이었다. 열심히 익힌 지식을 활용해 타인을 도울 수 있고, 또한 그 수혜자들과 가장 직접적이고 친밀하게 소통할 수 있는 직업. 예기치 않게도 나는 이 낯선 직업에 완전히 매료되고 말았다. 오랜 고민을 시작했다. 그리고 최종의 결론을 내렸다. 예정보다 조금 이르게 귀국해서 의사가 되는 준비를 시작하자.

대표님과 직원들도 나의 선택을 이해하고 적극 지지해줬다. 그리하여 마침내 한국에 돌아온 건 에콰도르행 비행기에 몸을 실었던 그날로부터 6개월여가 지난 뒤였다. 이듬해 봄, 나는 의학전문대학원

우유니, 볼리비아, 2010

안티구아, 과테말라, 2011

아바나, 쿠바, 2014

에 진학했다. 그리고 올해로서 의사라는 직함을 단 지도 어느덧 3년
째가 됐다. 나는 지금도 가끔 생각한다. 그때 내가 스페인어를 배우
지 않았더라도 내가 지금의 이 삶을 살고 있을까. '스페인어 입문 1'
강의를 수강하면서 시작되었던 일련의 여정이 지금 내가 서 있는 이
곳까지 이어져 왔노라고 돌이켜보는 건 다만 감성에 젖은 억측에 불
과한 걸까.

" ¡Hablas español! ¿Dónde lo aprendiste? 스페인어를 할 줄 아는구
나! 어디서 배웠니?"

이후로도 나는 여러 번 중남미의 땅을 밟았다. 작은 동양 여자의
입에서 투박한 스페인어가 흘러나올 때마다 현지인들의 눈은 휘둥그
레졌다. 어디서 배웠냐는 둥, 어쩌다 에콰도르에 살게 됐었냐는 둥,
다시 남미에 눌러 살 생각은 없냐는 둥, 사람들은 약속이라도 한 듯

65
여행의 시작

비슷한 맥락의 질문들을 던져왔다. 매일같이 같은 레퍼토리의 질문
들을 듣다 보니 언제부턴가는 나 역시 잘 짜인 대답을 줄줄이 외는
수준이 되어있었다.

하지만 어제도 들었고, 오늘도 들었고, 필시 내일도 들을 그 질문
들이 나는 지겹지 않았다. 그 순간 그들이 내게 표하는 소소한 관심
들이 내 여행을 풍족하게 만들기 때문이었다.

현지의 상인들과 인사 이상의 깊은 이야기를 나누는 시간들이 즐
거웠다. 의도치 않아도 엿듣게 되는 옆사람들의 대화가 재밌었고, 때
때로 그 대화에 과감히 끼어들어보는 나를 거리낌 없이 받아주는 이

들의 인자한 미소가 좋았다. 아이들의 언어를 알아들을 수 있어 행복했고, 노년의 이야기를 귀담아들을 수 있음에 감사했다. 이 대륙에서는 소통의 자유가 주는 해방감이 있었고, 그건 마치 내 몸에 아주 잘 맞는 옷을 입었을 때의 편안한 느낌과 같았다. 내가 스페인어를 배우지 않았더라면, 환한 미소와 함께 그들이 내게 속삭였던 그 모든 아름다운 이야기들을 감히 이 가슴속에 담아나 볼 수 있었을까.

2장

발렌시아는 언제나 맑음

빨래

발렌시아에 처음 왔을 때 내가 머물렀던 에어비앤비는 어느 연립주택의 꼭대기 층에 위치한 집이었다.

무거운 캐리어를 끌고 스페인을 사방팔방으로 쏘다니다가 마침내 이 도시에 도착했던 첫날. 이 집 주인장인 마리야Mariya와 내가 힘을 합쳐 겨우 캐리어를 꼭대기 층까지 옮겨온 뒤 (그렇다. 이 주택에는 엘리베이터가 없었다.), 온몸에서 비 오듯 흘러내리는 땀을 훔치고 거친 숨을 몰아 쉬며 높은 현관문을 올려다봤던 게 이 집과 나의 첫 만남이었다.

발렌시아에서 이런 연립주택은 꽤 보편적인 주거 형태 중 하나였다. 'ㄷ'자랄지 'ㅁ'자랄지 하는 형태로 한 블록 안에 여러 연립주택들이 들어서 있었다. 그리고 그 블록 안에서 주택들은 자연히 서로의 후면들을 맞대고 있었다. 어떤 집은 베란다를 내어 또 어떤 집은 테라스를 내어 건물 뒤쪽의 빈터를 살뜰히들 활용했는데, 그 공간으

로 들어오는 햇살을 이용해 대개의 주민들은 빨래를 널거나 화초를 키우거나 선베드를 펴고 휴식을 취하거나 했다. 어느 집에서 파티라도 열라 치면 그 집 안에서 새어 나오는 흥겨운 음악이 온 가구에 여과 없이 울려 퍼지던 것 역시 그 공간을 통해서였다. 또 주택의 전면에 내걸 수 없는 갖은 잡동사니들이 떠밀리듯 넘어와 모여 있기도 했던 이 후면의 공간은, 말하자면 이곳 주택들의 '민낯'과도 같은 곳이라 할 수 있었다.

내가 이 집에 유독 오래 머물게 됐던 데에는 마리야의 공이 컸다. 그녀는 궁핍한 생활비를 충당하기 위해 에어비앤비를 운영한다고 말하는 사람치고는 믿을 수 없을 정도로 관대한 호스트였다. 그걸 보여주는 대표적인 실례가 이 집의 공짜 세탁 서비스였다. 마리야는 모든 투숙객들에게 언제든지 원하는 만큼 그녀의 세탁기를 사용할 수 있게 허락했다. 단 1유로의 이용료도 붙이지 않고 오로지 투숙객들의 편의를 바라 그녀가 베풀던 자비였다. (게다가 이 집의 숙박료는 발렌시아 최저가 수준이기까지 했다.)

오래 쉬다 가야겠다는 생각이 드는 도시를 만나면 나는 그 도시에서 빨래를 돌리곤 했다. 이번 여행에서는 발렌시아가 바로 그런 도시였다. 그즈음 나는 다음 여정에 대한 기약도 없이 발렌시아에서의 체류를 하루하루 늘려가고 있었다. 때마침 스페인에서 모로코로, 그리고 다시 스페인으로 이어진 긴 여정 동안 적잖은 빨랫감이 쌓여 있기

도 했다.

'이 도시에서 빨래를 해야겠다.'

여느 때처럼 햇살이 뜨겁던 날이었다. 일어나 보니 어느덧 해가 중천이었고, 마리야는 출근하고 없어 집 안에는 나 혼자뿐이었다. 마리야에게 배웠던 매뉴얼대로 세탁기를 작동시켜보았다. 둘둘둘둘. 오랜만에 들어보는 세탁기 돌아가는 소리가 리드미컬하고 경쾌했다.

곧이어, 세탁이 다 됐음을 알리는 벨소리가 온 집안에 울려 퍼졌다. 둔중한 세탁기 문을 열어 그보다 더 무거운 세탁물들을 한아름

품에 안아보았다. 양말 한 짝이라도 바닥에 떨어질세라 상체는 요지부동, 하체만 사뿐사뿐 움직여가며 베란다까지 걸어 나갔다.

탈수를 갓 마친 옷들이 한참 구겨져 있었다. 한 벌 한 벌 집어 들고, 큰 동작으로 툭 툭 털어냈다. 창문 밖의 빨랫줄에 가지런히 내걸고, 바람에 날아가지 않게끔 빨래집게로 야무지게 집어 두었다. 목욕재계하여 말끔해진 옷들이 발렌시아 미풍에 하늘거렸다.

그 무구한 몸짓을 가만히 바라보았다. 옷들이 봄빛을 받아 반짝였다. 따사로운 햇발 속에서 빨래가 바싹 마르리란 기대에 괜스레 기분이 달떠 왔다. 주민들 모두 시에스타를 청하러 잠자리에 든 걸까. 어느 집 아기 우는 소리가 간간이 울려올 뿐, 사방이 고요하고 잠잠했다. 내 뺨엔 살랑바람이 계속 살랑거렸다. 그 청량한 바람에 이마의 땀송이가 하나둘 식어갔다. 이 도시에 당도하기까지 시나브로 쌓여 왔던 오랜 여독이 한순간에 녹아내리는 것만 같았다.

바로 그 순간이었다. 내 인생 그 어느 때보다 더 강렬한 예감이 나를 찾아온 건.

동네의 가장 솔직한 민낯과도 같던 그 공간이 내게 자못 친숙했다. 그리고 그 공간에 생활자로서 자리한 내 모습이 제법 자연스러웠다. 내가 걸어둔 옷가지들과 한 바람에 나부끼고 있는 이웃들의 빨래가 사랑스러웠다. 나지막이 들려오는 갖은 생활의 소리들도 듣기에 좋았다. 이곳에서는 나 역시 내 민낯을 부끄럼 없이 내보일 수 있을

것만 같았다. 앞으로도 이곳에서 빨래를 널고 화분을 키우고 바람을 맞고 주민들의 생활을 돌아볼 내 모습이 선연히 그려졌다.

'나는 아마 이곳에서 살게 될 것 같다.'

이후로도 나는 오랫동안 그 집에 머물렀다. 그리고 마침내 발렌시아를 떠나게 된 그 해 말까지도, 나는 빨래를 널기 위해 그 집 베란다에 설 때마다, 이 도시에 살게 될 것을 직감했었던 가장 처음의 그 순간을 본능적으로 떠올리곤 했다. 사소하지만 결정적이었던 그 순간. 도시의 온유한 기운이 내 마음에도 평화를 가져다줄 것만 같았던 그날의 강한 예감.

무모한 시작

문제는 일단, 비자였다. 나는 90일이 지나면 알짤없이 이 대륙을 떠나야 하는 떠돌이 신세였다. 이놈의 비자 문제부터 초장에 해결을 봐야, 이곳에서 남은 한 해를 보내든 뭘 하든 일이 진척될 거였다.

발렌시아 출발, 인천 도착 여정의 왕복 비행기 표를 끊었다. 출발은 다음 날, 되돌아오는 건 한 달 뒤. 나는 일단 급한 짐만 간단히 싸서 한국으로 돌아갔다. 그리고 스페인의 태양처럼 붉은 색깔을 자랑하던 스페인 대사관 건물에서, 다행히도 예상을 벗어나지 않은 날짜 범위 안에 무사히 학생 비자를 발급받았다.

물론 애당초 비자를 발급받고 스페인에 나왔었더라면 한국에 다시 다녀오는 수고를 덜 수 있을 거란 걸 모르지 않았다. 하지만 그러려면 학생 비자를 신청할 때 대사관에 제시해야 하는 정보들을 미리 다 결정하고 나와야만 했다. 스페인에서 살 도시, 그곳에서 다닐 어

학원, 그리고 숙소 같은 것들.

나는 모든 게 정해진 여행을 시작하고 싶지 않았다. 유학원에서 제시하는 프로그램들 가운데 하나를 패키지여행 상품 고르듯 선택하고 싶지도 않았다. 나는 내가 직접 찾고 싶었다. 내가 정말로 오래 머물고 싶은 도시, 내가 정말로 다니고 싶은 학원, 내가 정말로 살고 싶은 집. 하나하나 직접 발품을 팔고 신중하게 골라, 처음 마련한 내 집 안에 새 살림살이를 들이듯 정성스럽게 나의 1년을 꾸리고 싶었다. 그래서 내린 결정이었다. 조금 번거롭더라도, 일단은 비자 없이 출국해보자.

그리고 지난한 탐색의 시간 끝에 마침내 발렌시아를 발견한 거였다. 누군가의 눈엔 미련하고 비효율적이어 보였을 나의 지난 결정이 그제야 당위성을 인정받는 것만 같았다.

'바로 널 만나기 위해 나는 그토록 무모한 여행길에 올랐던 것인가 보다.'

이후로는 모든 일들이 순풍을 만난 돛단배처럼 순항했다. 비자를 발급받았고, 예정된 날짜에 발렌시아로 돌아왔다. 그리고 이곳에서 나를 기다리던 '내 집'에 무사히 몸을 들였다.

스패니시 아파트먼트

빨래를 하고 달콤한 휴식을 누렸던 그때 그 에어비앤비 숙소였다.

다시 돌아온 그날도 마리야Mariya는 출근하고 집에 없었다. 가지고 있던 열쇠로 익숙한 현관문을 열고 들어섰다. 마리야의 성격처럼 말끔하게 정돈되어 있는 집안의 모든 것들이 내가 떠나기 전과 다름없는 모습 그대로 나를 반겼다. Home sweet home. 어느 낯선 여행지를 방문한 느낌이 아니었다. 내가 있어야 할 바로 그곳으로 다시 돌아온 느낌이었다.

이전과 달라진 건 방이었다. 마리야는 싱글 룸 하나, 더블 룸 하나를 숙박객들에게 내주고 있었다. 한국에 다녀오기 전까진 싱글 룸에 묵었었지만 이번에는 더블 룸에 짐을 풀었다. 이미 몇 달 전부터 싱글 룸을 예약해두었던 새 손님이 이즈음해서 이 집에 들어와 있을 거란 얘기를 마리야에게 미리 들어뒀던 터였다. 싱글 룸의 월세가 200유로대, 더블 룸의 월세가 300유로대. 한 달에 100유로가량을

더 내면서 조금 더 넓은 방에서 편히 지내는 것도 나쁘지 않아 보였다. 내 키보다 높고 넓은 창문을 통해 발렌시아의 다사한 햇살이 들어오는 따뜻한 남향의 방이었다. 앞으로 발렌시아에서의 수많은 이야기들이 써내려져 갈 나만의 작고 아늑한 공간.

　마리야의 집은 화려하지 않았다. 소박하고 간결했다. 생활에 꼭 필요한 물건들만이 제자리에 알맞게 구비되어 있어 "미니멀리즘이란 바로 이런 것이다" 하고 이 집 스스로 이야기하고 있는 것만 같았다. 성실한 마리야가 청소를 게을리하는 법이 없었으니 집 안은 항상 정결했다. 나는 그저 이 집의 화장실, 주방, 거실, 세탁실 등을 내가 원하는 대로 사용만 하면 그만이었다. 도시의 녹음을 집대성해둔 듯한 공간인 투리아Turia 정원과는 걸어서 10분 거리였다. 반면 구시가지나 신시가지의 중심부와는 제법 거리가 떨어져 있어 이곳은 한결 평화로운 주거 지구 한가운데였다. 발렌시아에 정착하기로 결정한 이후에도 나는 이 숙소 이외의 다른 거처를 알아본 적이 없었다. 어쩌면 바로 이 집에 머물기 위해 발렌시아에 머물기를 결심했던 거였는지도 모른다고 나는 늘 생각했다.

"안녕? 난 비리Viri라고 해. 네가 바로 진Jin[2]이구나."

건강한 느낌의 그을린 피부. 땡그란 안경 너머로 그보다 더 땡그란 눈망울. 그녀의 실루엣을 아우라처럼 덮고 있던 길고 풍성한 곱슬머리. 바비 인형 같은 모습의 그녀가 또박또박 분명한 발음으로 내게 말을 걸어왔다. 몇 달 전부터 이 집 싱글 룸을 예약해뒀었다던 바로 그 '새 손님'이었다.

"마리야 말로는, 조금만 걸어가면 매주 토요일마다 이 동네에 서는 벼룩시장에 갈 수 있대. 나와 함께 그곳에 가보지 않을래? 물론, 너에게 다른 계획이 있다면 거절해도 괜찮아."

비리는 멕시코에서 온 게스트였다. 직업 의학을 전공한 의사였

---

2 외국인 친구들이 나를 부르는 이름.

고, 이곳 병원에서 두 달간 실습 프로그램에 참여할 요량으로 발렌시아에 오게 된 거라고 말했다. 내가 잠시 한국에 들어가 있던 사이 그녀가 이 집에 들어왔었고, 내가 머물던 싱글 룸에 이제는 그녀의 소박한 짐들이 풀어져 있었다.

우리는 통성명을 하자마자 벼룩시장 투어에 함께 나섰다. 멕시코 물가와 비교할 수 없이 높은 스페인 물가가 부담스럽다고 말하던 그녀는 그곳에서 알뜰살뜰하게 생필품들을 챙겨 왔다. 소탈한 취향, 똑 부러지고 다부진 배짱, 배려 깊은 심성. 넓지 않은 벼룩시장을 함께 돌아보던 그 짧은 시간 안에도 그녀를 구성하는 몇 가지 특징들을 대번에 알아챌 수 있었다. 기분 좋은 예감 같은 그녀가 내 삶을 찾아온, 발렌시아에서의 새 생활을 시작하는 산뜻한 첫날이었다.

이후로도 우리는 많은 시간을 함께 보냈다. 우리 집에서 제일 먼저 아침을 여는 건 언제나 비리였다. 가장 일찍 일어나 가장 일찍 출근했고, 뒤이어 마리야와 내가 엉금엉금 방에서 기어 나와 샤워를 하고, 아침을 먹고, 터덜터덜 집을 나서는 식이었다. 내가 학원 수업을 마치고 집에 돌아와 늦은 점심을 먹고 공부를 하고 있을 즈음이면 뒤늦게 퇴근한 비리도 집에 돌아왔다. 그때부터 우리는 남은 오후 시간을 함께 보냈다. 해변에서 일광욕을 하거나, 공원에서 도시락을 까먹거나, 극장에서 영화를 보는 식이었고, 때로는 피차 아직 익숙지 않은 발렌시아의 구석구석을 관광객 모드로 함께 돌아보기도 했다. 비리가 있었던 덕에 지루하거나 외로울 틈 없이 발렌시아 생활

을 활기차게 시작할 수 있었던 게 아닐까, 돌이켜보면 늘 그런 생각이 들었다.

얼마 뒤 나는 잠시 여행을 다녀왔다. 바르셀로나로 1주, 벨기에 브뤼셀로 3, 4일 정도 다녀온 짧은 여정이었다. 다른 도시를 둘러보고 나니 발렌시아에 정착하기로 성급하게 결정했었던 게 후회스러워지면 어떡하나, 떠나기 전에는 이런 괜한 걱정을 사서 하기도 했었다. 하지만 그건 기우였다. 쓰레기 하나 없이 깨끗한 지하철. 성마르지 않아 양보를 꺼리지 않는 예의 바른 시민들. 한밤중에도 안전한 거리의 치안. 부산을 떨지 않고도 영화로운 도시의 조용한 힘. 여행은 나로 하여금 발렌시아가 얼마나 아름답고 사랑스러운 도시인지를 다시 한번 깨닫게 했을 뿐이었다.

여행을 마치고 돌아와 오랜만에 들어선 집 안의 톤이 웬일인지 한층 더 업 된 느낌이었다. 새로 온 하우스 메이트의 호탕한 웃음소리 덕분이었다. (우연처럼 내가 집을 비울 때마다 우리 집에는 새 손님이 들어와 있었다.) 캐리어와 함께 문 앞에 서있던 나에게 그녀는 뚜벅뚜벅 다가와 거침없이 악수를 청했다.

"안녕? 난 마리아María라고 해. 네 얘기 많이 들었어. 앞으로 잘 지내보자."

결코 약하지 않은 그 악력을 느끼며 나는 그녀를 마주했다. 뽀얀 피부에 오밀조밀 예쁘게도 배치된 이목구비. 공격적인 몸매(?)에 잘 어울리는 자신만만한 맵시. 호방한 기색을 그대로 담은 우렁찬 목소리까지. 그날 우리의 첫 만남은 그녀의 강렬한 인상 덕분인지 이후로도 오래도록 내 기억 속에 깊이 각인되었다.

마리아는 스페인 중부 지방의 사라고사Zaragoza라는 도시에서 온 게스트였다. (철자는 다르지만 어쨌든 이로써 우리 집에 두 명의 '마리아' 가 살게 된 셈이었다.) 그녀는 비뇨의학을 전공한 4년차 레지던트였다. 그리고 비리와 마찬가지로 발렌시아에 있는 병원으로 실습을 나가게 된 덕에 앞으로 두 달간 이 집에 머물게 된 참이었다.

멕시코, 스페인, 그리고 한국에서 온 여의사 셋이 모여 사는 풍경은 일전에 상상해본 일이 없었다. 게다가 우리는 같은 직업뿐 아니라 비슷한 성격, 가치관, 취향 같은 것들을 공유하고 있었다. 광활한 지구의 각자 다른 세 지점에서 출발하여 이곳 발렌시아, 바로 이 작은 집으로 우연처럼 모여든 서로를 닮은 사람들. 우리 사이에 작용했을 그 미지의 인력의 기전을 누군들 설명해 보일 수 있을까. 나는 이 사소한 듯 사소하지 않은 우리의 우연이 자못 신기했다. 그리고 여행이 내게 이토록 경이로운 경험을 선물하기를 멈추지 않는 한, 아마 앞으로도 오랫동안 나는 여행을 향한 애정의 끈을 놓을 수 없으리라고 생각했다.

싱글 룸에는 마리아María가, 더블 룸에는 내가 묵었다. 그리고 집주인 마리야Mariya의 방에선 마리야Mariya가 지냈다. 문제는 비리였다. 비리가 발렌시아에서 지내야 하는 시간이 한 달은 족히 더 남아 있었는데 집안은 이미 '풀방' 상태였다. 결국 마리야Mariya는 이 집의 다락방을 비리에게 내주었다. (말이 다락방이지, 침대와 장식을 고루 갖춘 2층의 작지 않은 공간이었다.) 그리고 멕시코와 스페인의 물가 차이로 고생하던 비리의 마음을 헤아려 비리에게 더 이상의 숙박료를 받지 않기로 했다. 마리야Mariya가 선심을 베풀 수 있었던 것이 결코 그녀의 재정 상태가 풍족하기 때문이 아니었음을 우리 모두는 알고 있었다.

그렇게 네 여자의 동거가 시작됐다. 도합 세 명이서 사용해오던 공간을 네 명이서 나눠 쓰게 됐으니 이전보다 불편한 점들이 많아진 건 당연했다. 하지만 누구도 그 점에 대해 불평하는 법이 없었다. 암묵적으로 우리 모두는 '고독한 편리' 대신 '행복한 불편'을 선택한 거였다.

집 안은 언제나 생기를 띠었다. 젊은 우리의 밝고 긍정적인 기운, 그리고 서로를 향한 애정 같은 것들이 집안의 공기에 항상 맴돌았다. 집에서만큼은 고독하고 정적인 시간을 보내길 좋아하던 나였지만 이제는 이 집안의 법석거림이 좋았다. 학원에서 돌아와 혼자 집에 있는 오후일 때면, 층계를 따라 올라오는 누군가의 발걸음 소리, 열쇠 구멍에 열쇠가 끼워져 들어가는 소리, 둔중하게 현관문이 열리는 소리 같은 것들이 전부 내 맘을 설레게 했다.

열아홉 살인가 스무 살 무렵에 봤었던 〈스페니시 아파트먼트〉라는 영화가 어렴풋 떠올랐다. 유럽의 각국에서 모여든 에라스무스Eras-mus3들이 스페인의 한 집에 모여 살게 되면서 생기는 에피소드들을 그린, 몹시도 젊고 생기발랄한 영화였다. 어린 나이에 그 영화를 봤을 때는 그게 그렇게도 딴 세상 이야기처럼 여겨질 수 없었다. 내가 영화 속 주인공들과 같은 삶을 몸소 살아보게 되리라고는 감히 상상해본 적이 없었다.

---

3 유럽 연합 국가들 간의 대학 교류 프로그램, 혹은 그 프로그램을 통해 파견 온 교환 학생.

스페인의 빨간 맛

스페인 사람들을 만나보셨나요

작년 이맘쯤엔 중남미를 여행하고 있었다.

콜롬비아 살렌토Salento 근교의 산맥을 오르고 있던 어느 여름날 오후. 제대로 길을 들어선 건지 문득 불안해져 주위를 둘러보니 어느 유럽인 한 무리가 눈에 들어왔다. 나는 주춤주춤 그들에게 다가가 길을 물었다. 그러자 그들은 내가 미처 기대하지 않았던 상냥한 미소를 지어 보이며 내게 길 안내를 해줬다. 괜스레 쭈뼛거리며 다가갔던 내 모습이 무색해질 정도의 친절이었다. 그들은 스페인에서 온 친구들이라고 했다.

이후로도 우리는 산길 위에서 여러 번을 마주쳤다. 그때마다 그 친구들은 한결같이 유쾌한 미소로 나를 맞아줬다. 딱히 대수로울 것도 없는 그 미소가 웬일인지 강렬한 기억으로 남았다. 유럽인들에 대해 갖고 있던 나의 오랜 선입견을 흔드는 미소였기 때문이었다. 오랫동안 나의 무의식 속에서 유럽인들은 고개를 굽히지 않는 고고

한 학과 같았다. 그렇기에 고개를 숙여 나와 눈을 맞추고 나의 불안을 껴안아주던 그날 그 스페인 친구들의 정다운 태도가 내겐 제법 신선했다.

이후에도 스페인 사람들의 다정한 품성을 경험할 기회가 몇 번 더 있었다.

파나마의 산 블라스San Blas 제도에서 만난 어느 스페인 가족은 홀

바리차라, 콜롬비아, 2017

스페인의 빨간 맛

로 여행 중인 나를 갸륵히(?) 여겼는지 그들의 저녁 식사에 나를 선뜻 초대해줬다. 수정 빛깔의 캐리비안해를 눈앞에 두고 도란도란 그들과 함께 나눴던 그날의 술잔이 그토록 달 수 없었다. 또 며칠 후 산타 카탈리나Santa Catalina에 도착해서는 무려 3대가 함께 여행을 나온 또 다른 스페인 가족을 만난 일이 있었다. 태평양의 거센 물살을 가르고 바다 한가운데로 나아가던 작은 보트 위에서 그들을 만났고, 곧이어 우리는 다 함께 물속으로 뛰어들어 스쿠버 다이빙을 즐겼다. 그날 그 바다 밑의 고요 속에서 우리가 나눈 무언의 대화가 그 어떤 언어보다도 분명하고 아름다웠다.

바로 그 배 위에서였다. 어쩌다 내가 이 먼 곳까지 오게 된 건지 궁금해하는 그 가족들을 위해 나는 못 이기는 척 내 지난 여행의 설들을 풀어놓았다. 모두가 그랬지만 특히나 그 가족의 할아버지가 내 이야기에 관심을 보여왔는데, 당신의 손주보다도 더 해맑은 눈망울로 내 이야기를 경청하던 그 할아버지가 문득 내게 이색적인 제안 하나를 해왔다.

"인상적인 여행지를 찾고 있니? 그렇다면 너는 반드시 스페인에 와봐야 해!"

그가 그토록 스페인을 '강추'한 이유는 스페인의 다양한 지역색에 있었다. 광활한 스페인을 구성하는 여러 지방들이 제각각 다른 자연, 문화, 예술, 역사를 지키고 있어, 한 나라 안에서도 다양한 색깔의 여행을 즐길 수 있을 거라는 게 그의 주장의 요지였다. 달변가 할아버지의 일장 연설을 들으며 나는 시나브로 스페인이라는 나라에 매료되어갔다. 하지만 그 이유는 할아버지가 열변을 토하며 찬양한 스페인의 다양한 지역색이라느니 하는 것에 있지 않았다.

'당신들처럼 명랑하고 살가운 사람들이 가득한 나라라면 그곳에 가기를 주저할 이유가 전혀 없지요.'

바로 그 이듬해, 나는 스페인에 왔다. 나를 이곳으로 이끈 건 이 나라의 사람들이었다.

스페인에 품었던 나의 기대가 헛되지 않았다는 걸 나는 발렌시아의 일상 속에서 매일같이 체감했다.

축구 경기를 보기 위해 경기장으로 발걸음을 재촉하던 어느 늦은 오후였다. ('축알못'이었던 나도 발렌시아에 살면서 어느새 발렌시아 CF의 열렬한 팬이 되어있었다.) 경기를 보러 갈 때마다 꺼내 입던 발렌시아 CF 유니폼을 그날도 어김없이 차려입었다. 그리고 트램에 올랐다. 경기장에 늦지 않게 도착하기만을 바라며 창밖을 향해 무심히 서있던 그때, 돌연 내 어깨를 지그시 짚는 누군가의 손길이 느껴졌다. 짐짓 놀라지 않은 척하고 뒤를 돌아보니,

"¡Hoy ganamos al Atlético! 오늘 우리가 아틀레티코 마드리드를 이기는 거야!"

난생처음 보는 한 청년이 내게 엄지 손가락을 우뚝 치켜세워 보이며 밑도 끝도 없는 이 한마디를 던지고 있었다. 그리고 그는 트램

스페인의 빨간 맛

옆칸으로 제 가던 길을 유유히 걸어갔다. 마치 매일 만나는 급우와 일상적인 인사를 나눴을 뿐이기라도 한 것처럼.

　낯선 사람으로부터 겪은 예기치 않은 스킨십이었다. 한국에서였다면 불쾌해했을지도 모를 일이었다. 하지만 그 순간이 나는 조금도 불쾌하지 않았다. 도리어 짜릿한 만족감 같은 걸 느꼈다. 공통된 '팬심'을 기저에 담은 그의 메시지가 반갑기도 했거니와, 면식 없는 사이끼리 가벼운 스킨십을 나누는 것에 관대한 스페인 사람들의 습성을 익히 알고 있었기 때문이었다.

　모르는 사람에게 "Perdona실례합니다"나 "Gracias감사합니다"를 말할 때, 스페인 사람들은 듣는 이의 어깨에 가볍게 손을 얹는 것을 자연스럽게 여긴다. 그 손짓에는 어떤 공격적인 뉘앙스나 음흉한 의도도 담겨 있지 않다. 전하고자 하는 말에 진심 한 줌을 더 얹는, 이 나라의 지극히 일반적인 표현법 중 하나일 뿐이다.

　몇몇 유럽인 친구들은 스페인 사람들의 그러한 제스처를 과도한 신체 접촉이라고 평가하기도 했다. 하지만 나는 스패니시들 특유의 그 표연한 손짓이 좋았다. 그 안에 담긴 그들의 온정이 좋았다. 그리고 낯선 이에게 대화를 거는 것에 주저함이 없는 이 나라 사람들의 자유분방한 태도까지도 좋았다.

　분위기가 이러하고 보니 스페인에서의 일상은 지루하려야 지루

스페인의 빨간 맛

할 수가 없었다.

　도서관에서 가만히 공부하고 있노라면 내 곁을 지나가던 할머니
가 내 눈을 바라보며 "¡Hola guapa! 안녕 예쁜이!" 하고 나긋이 속삭
여왔다. 어떤 할아버지는 한참 집중해서 공부하고 있는 내게 느닷없
이 엄지를 치켜세워 보이며 윙크를 찡긋 날리고 떠났고 (모르긴 몰라

발렌시아는 언제나 맑음

도 "열심히 공부하는 모습이 보기 좋구나, 힘내!"라는 메시지를 전달하고
자 했던 게 아닐까.), 어떤 아주머니는 대뜸 '노력을 쏟는 것과 행운을
기원하는 것 간의 상관관계'에 대해 심오한 담론을 늘어놓고 가기도
했다. 매일이 이런 뜬금없는 에피소드들의 연속이었다. 그 사례를
열거하자면 끝이 없다. 도무지 '쭈뼛쭈뼛'이란 걸 모르는 것만 같은,
적극적이고 거침없는 스패니시들의 습성 덕이었다.

　　스페인 사람들의 이런 습성을 파악하고 나니 나 또한 그들에게
공연스레 말을 거는 것에 대담해졌다. 그야말로 스페인 생활 속의
선순환이었다.
　　이따금 길을 잃어도 걱정할 것이 없었다. 지나가는 누구라도 붙잡
고 길을 물어보면 십중팔구 상냥한 미소로 길 안내를 해주었다. (콜
롬비아에서 만났던 그때 그 스페인 친구들이 그랬듯이.) 예기치 않은 상황
이나 불현듯 떠오르는 궁금증에 대해서도 핸드폰을 켜고 검색할 필
요가 없었다. 구글보다 더 유쾌한 현지인의 설명을 구하는 건 스페인
에서 가장 쉬운 일 중 하나였다. 그리고 거기에 덤으로 딸려오는, 스
페인 사람들의 끝을 모르는 수다까지!
　　이 나라에서라면 길 위에서 만나는 누구와라도 친구가 될 수 있
을 것 같았다. '옷깃만 스쳐도 인연'이라는 건 바로 스페인에서 실현
가능한 이야기인 것만 같았다. 발렌시아에 알고 지내는 친구가 많은
건 아니었지만 나는 이곳에서 적적하지 않아도 되었다. 예기치 않게

맺어지는 이 깨알 같은 관계들 덕분에 내 일상이 항상 충만한 느낌이었다.

스페인 사람들의 수다왕 기질은 때와 장소를 가리지 않았다. '블라블라카Blablacar4' 안에서도 스페인 사람들의 목소리는 좀체 잦아드는 법이 없었다.

적요한 침묵만 돌곤 했던 다른 나라의 블라블라카들과는 확실히 달랐다. 스페인 사람들은 처음 만나 통성명을 하는 그 순간부터 이미 목소리 높여 수다를 늘어놓기 일쑤였다. 수다의 주제에는 놀랍도록 한정이 없었는데, 처음 만난 사이에 나누는 대화치고 논쟁이 매우 잦다는 것도 특이했다. 투우의 존폐에 대하여, 채식의 합리성에 대하여, 카탈루냐의 분리 독립에 대하여, 레게톤reggaeton의 저속성에 대하여, 무한한 화제를 두고 서로 간에 핏대 높여 갑론을박을 벌이는 게 이곳에선 예사였다. (스페인 대중교통에서 조용한 단잠 같은 건 애초에 포기하는 게 낫다.) 그렇게 한바탕 시끄럽게 언쟁을 하고 나서도 헤어질 땐 어쩌나 따뜻한 포옹들을 나누던지, 이들이야말로 '냉철한 머리, 따뜻한 가슴'의 모범 사례가 아니겠는가 생각될 정도였다.

내가 겪은 스페인 사람들은 내면의 중심이 바로 선 사람들이었다.

---

4 주로 유럽 지역에서 보편화되어가고 있는 도시 간 카풀 플랫폼 서비스.

그들에게는 타인과 자기 사이의 경계를 허무는 것에 대한 두려움이 없어 보였다. 우리가 낯선 이에게 미소를 보내거나 지나친 호의를 베풀기를 꺼려하는 데에는, 기실 우리 안에 잠재한 두려움이 한몫하지 않던가. 나를 이상한 사람이라고 생각할지도 모른다는 두려움, 내 친절을 과하다 여겨 부담스러워할지도 모른다는 두려움. 반면 스페인 사람들은 그런 사소한 의구심에 일절 괘념하지 않는 것 같았다. 그리고 그것이 나에게는 굉장한 자신감과 용기의 표출로 여겨졌다. 누구에게든 미소와 친절을 넉넉히 베푸는 그들 특유의 여유는, 자신의 친절이 지닌 가치에 대한 소신, 그리고 자신의 진정이 상대에게 본뜻 그대로 전달되리라는 확신의 반영일 것이기 때문이었다. 초면부터 자기의 주장을 거침없이 드러내던 그들의 대범함 역시 나는 같은 맥락에서 이해할 수 있었다. 스스로에 대한 믿음, 그리고 자신의 견해에 대한 신념이 바로 서 있지 않고서야 매 순간 그토록 직설적이고 솔직하기는 어려운 일이리.

스페인에서 보내는 시간이 오래될수록 나는 스페인을 더 많이 사랑했다. 그리고 이따금 스페인 밖으로 여행을 다녀올 때마다 그 애정은 갑절로 커지는 느낌이었다. 다른 유럽 나라들에서는 묘하게 차가운 현지인들의 응대 속에서 내 여행의 온도마저 차가워지고 있다고 느끼는 순간들이 더러 있었다. '스페인에서라면 절대 일어날 수 없었을' 불유쾌한 일들을 한두 차례 겪을 때마다 스페인을 향한 나의 향수는 더욱 커져갔다. 그리고 그렇게 여행을 마치고 발렌시아로 돌아올 때마다 나를 압도하던 감정은 안정감일 뿐 아니라 해방감이기도 했다. 누구에게든 예상 가능한 친절 범위 내에서의 반응을 기대하고 소통을 시도할 수 있다는 이 정서적 자유로움!

도서관에서 한 아주머니가 내게 읊조리고 갔다던 '노력을 쏟는 것과 행운을 기원하는 것 간의 상관관계'에 대한 담론은 요약하자면 다음과 같았다. 노력을 다하지 않은 사람이 행운을 기원한다는 것은 어불성설이다. 어떠한 일도 오로지 행운의 덕분만으로 형통할 리는 만무하기 때문이다. 반면 충분히 노력을 다한 사람은 행운을 기원할 필요가 애초에 없다. 노력에 대한 정당한 결과가 행운의 유무와 상관없이 따라올 것이기 때문이다. 결국 우리 인생에서 필요한 것은 노력이지 행운이 아니라는 게 아주머니가 전하고자 한 이야기였다.

아주머니의 그 담담한 이야기가 은연히 떠오르는 순간들을 삶 속에서 의당 여러 번 마주할 것 같다. 그리고 그때마다 그 도서관의 잠잠한 공기, 아주머니의 소박한 옷차림과 목소리와 표정, 그리고 발렌시아의 습한 여름 기운 같은 것들이 빛무리 지듯 함께 떠오를 것 같다. 그 어떤 고전에서 읽은 지식인의 문장보다 내 가슴에 더 깊이 아로새겨졌던 그날의 아주머니와의 소탈한 대화.

그리고 하나 더. 그날 우리는 결국 아틀레티코 마드리드를 이기지 못했다. (다행히 무승부는 지켜냈다.) 하지만 집으로 돌아오는 내 마

음이 조금도 헛헛하지 않았다. 경기장의 옆자리, 뒷자리 관중들과 말동무가 되어 한마음으로 관람을 마치고 보니, 마치 친한 친구들과의 파티에 다녀온 것만 같은 들뜬 기분으로 경기장을 나설 수 있었기 때문이었다.

스페인에서의 하루하루는, 직접 살아보지 않고는 이해하기 힘들 엉뚱하고 색다른 에피소드들의 연속이었다. 스페인에 오길 참 잘했다고 매일 밤 나는 생각했다.

의외의 꿀조합

"고작 이 결말을 보겠다고 내 피 같은 3.5유로를 지불했단 말이야? 믿을 수 없어!"

스테파니Stephanie는 언제나 그런 식이었다. 남들과 다른 자신의 생각을 드러내는 데에 조금도 주저하는법이 없었다.

"주인공들 태도가 하도 답답해서 내 속이 다 뒤집어지는 줄 알았어. 나라면 그토록 버릇없게 구는 아이를 절대 가만 내버려두지 않았을 거야. 애들은 호되게 혼나면서 커야 하는 법이라고! 아까운 내 시간, 아까운 내 3.5유로!"

그날은 발렌시아 시가 주최한 소규모의 야외 영화제에서 〈Estiu 1993〉이라는 작품을 상영해준 날이었다. (직역하자면 '여름 1993'이라는 뜻으로, 우리나라에서는 '프리다의 그해 여름'이라는 제목으로 적은 수의 개봉관들에서 상영됐다.) 알리사와 나, 그리고 스테파니는 다 함께 영화를 보기 위해 상영 장소인 투리아 정원에 모여 있었다.

어린 나이에 엄마를 잃은 여섯 살 소녀 프리다의 불운한 성장담을 그린 영화였다. 100여 분의 러닝타임이 흐른 뒤 스크린 위로 엔딩 크레디트가 올라갔고, 나와 알리사, 그리고 그 밖의 (거의 모든) 관람객들은 눈물을 훔치느라 자리를 바로 뜨지 못했다. 바로 그때 스테파니 홀로 목청을 높여 쨍쨍하게 고함을 치다시피 한 것이었다. 자기는 이 영화가 쥐뿔도 재미가 없었다며!

스테파니는 스페인어 학원에서 알게 된 친구였다. 이제 갓 스무 살을 넘겨 소녀와 숙녀 그 사이 어딘가 쯤에 걸쳐 있는 것 같아 보이던 아이. 마다가스카르인 어머니와 스위스인 아버지를 둔 덕분에 그녀는 유년 시절을 마다가스카르에서, 그리고 최근 몇 년의 학창 시절을 스위스에서 보냈다고 했다.

스테파니가 스페인에 오게 된 건 남자 친구 때문이었다. 아일랜드에서 만나 사귀게 된 지금의 남자 친구와 새 삶을 꾸리기 위해 이곳 발렌시아로 넘어왔다는 거였다. 처음 이곳에 왔을 때만 해도 그녀가 할 줄 아는 스페인어는 "Hola"뿐이었다고 한다. 하지만 이제 그녀의 회화 실력은 우리 가운데서 단연 발군이었다. 스페인어와 기본 구조가 비슷한 프랑스어를 모국어로 쓰는 덕분도 있고, 스패니시 남자 친구와 함께 사는 덕분도 있겠지만, 내가 봤을 때 무시할 수 없는 요인은 무슨 말이든 앞뒤 안 가리고 일단 큰 목소리로 내뱉고 보는 그녀의 거침없는 성격이었다. 남이 어떻게 생각하거나 말거나 일단 입부터 열고 보는 게 그녀에겐 일상사니, 이만큼 외국어 배우기에 최적인 캐릭터가 또 있을까.

스테파니는 성실하다고 말하긴 힘든 학생이었다. 학원 수업에도 마음 내키는 날들에만 뜨문뜨문 출석했고, 그나마 출석을 한다 한들 숙제를 미리 해오는 법은 단 한 번도 없었으니까.

하지만 나로선 그녀가 학원에 자주 나오지 않는다는 사실이 그나마 다행스러운 일 중 하나였다. 말 많고 자기주장이 세며 목소리까지 큰 그녀가 회화 수업에 나타나는 날이면, 나는 입 한 번 뻥긋 못 하고 귀가하는 일이 부지기수였기 때문이었다. 물론 회화에 비집고 들어가는 건 내 몫이니까 마냥 그녀를 탓할 수만은 없는 노릇이었지만, 심정적으로 그녀가 달갑게 여겨지지 않는 것까진 어쩔 도리가 없었다. 나는 스테파니의 솔직하고 거침없는 태도가 부담스러웠다. 그리고 나와 스테파니가 친해질 일은 절대 없을 거라고 지레 단정했다.

나중에 알고 보니 스테파니도 같은 생각을 했었더란다. '겸손이 미덕'이라고 한평생을 배우고 자란 나는 수업 태도도 꽤나 조신한 편(?)이었는데, 그게 그녀 눈엔 그렇게도 소심하고 용기 없는 동양인 학생의 전형으로 보일 수가 없었다며.

그런 스테파니와 내가 예기치 않게 가까워진 건 순전히 알리사 Alisa 덕분이었다.

알리사는 체코에서 온 열일곱 살 소녀였다. 부모님 모두 러시아인

이지만 아주 어릴 적부터 체코에서 자랐다며 그녀는 스스로를 '러시아계 체코인'이라고 소개했다. 알리사는 스페인어를 공부하는 게 재미있어서 짧은 여름 방학을 이용해 발렌시아에 와 있는 고등학생이었다. 한국을 벗어나 있으면서 좋은 점 중 하나는, 띠동갑보다 어린 소녀와도 나이라는 굴레를 벗고 친구가 될 수 있다는 사실이었다.

여름휴가 시즌이어서 그랬는지 그즈음 해서 우리 반에는 나와 알리사 단둘만이 남아있었다. 그러던 어느 날, 한동안 학원에 모습을 드러내지 않던 스테파니가 다시 수업에 나타났다. 나는 실제 나이보다 무척이나 성숙한 사고를 하는 알리사를 나와 케미가 꽤나 잘 통하는 친구라고 여기고 있었다. (알리사가 얼마나 조숙한 아이였냐면, 나는 그녀가 열일곱 살 소녀의 몸에 우연찮게 빙의한 서른 살, 아니 마흔 살의 영혼일지도 모른다는 소설적인 상상도 여러 차례 진지하게 했었다.) 그런데 놀랍게도 알리사는 나뿐만 아니라 스테파니와도 금세 격의 없는 친구가 됐다. 아무려면 나이 앞에 '3' 자가 붙은 나보다야 고작 두세 살 차이 나는 스테파니와 훨씬 친구 되기가 쉽지 않았을까 하고 생각하면서도 한편으론 기분이 묘했다. 스테파니를 '나와는 다른 사람'이라고 일찍이 단정 짓고 멀리했던 내 모습이 열일곱 살 알리사보다도 미숙하고 옹졸해 보이기 시작한 것이었다.

그때부터였다. 알리사라는 완충제를 찾은 우리 세 사람이 본격적으로 뭉쳐 다니기 시작했던 건.

스페인의 빨간 맛

예상외로 스테파니와 나는 아주 빠르게 가까워졌다. 심지어 알
리사가 체코로 돌아간 이후에도 우리 둘은 단짝처럼 계속 붙어 다녔
다. 그동안 스테파니를 향해 세워왔던 내 오해와 편견의 벽이 그토
록 무색할 수 없었다.

학원 수업을 마치면 우리는 곧장 해변으로 달려 나갔다. 나른한
햇살 아래서 해수욕을 하고, 맥주를 마시고, 카드 게임을 즐겼다. (열
판을 하면 그중 아홉 판은 스테파니가 이겼다. 그리고 보면 그녀의 스페인어

가 그토록 빠르게 일취월장했던 건 단지 그녀가 영특한 덕분이었는지도 모르겠다.) 주말 밤이면 클럽에서 집결했다. 스테파니는 내가 스페인에서 만난, 레게톤 음악을 함께 즐길 수 있는 유일한 친구였다. 학원 이야기, 스페인어 이야기, 이성 친구 이야기, 패션 이야기. 친해지고 보니 그녀와 나 사이의 대화의 주제에는 이렇게나 한정이 없었다. 피차 발렌시아에 적을 두지 않은 이방인들이라 서로 돕고 의지할 일도 많았고, 또 다른 어느 나라에선가 펼쳐질 우리의 미래에 대해 상상의 나래를 함께 펼쳐보는 시간도 즐거웠다. 예상외로 우리는 절친이 될 만한 요소들을 두루 갖고 있었다. 한때는 스테파니가 학원에 나타나지 않기를 기대하기까지 했지만, 이제는 스테파니 없는 나의 발렌시아 생활을 상상할 수 없었다.

스페인의 빨간 맛

달빛만이 우리를 비추던 어느 어두운 여름밤. 나와 알리사, 스테파니, 그리고 스테파니의 남자 친구 기예르모Guillermo는 인적 없는 해변가를 정처 없이 걷고 있었다.

그날따라 무슨 바람이 불었던 걸까. 우리 넷은 누가 먼저랄 것 없이 별안간 바닷속으로 다 함께 몸을 던졌다. 낮에 이미 한 차례 해수욕을 하고 온 터라 수영복이야 다들 갖춰 입고 있었지만, 아무래도 밤 수영은 계획에 있던 게 아니었다. 아무리 여름이라지만 밤의 바닷물은 얼음장처럼 차갑기까지 했다. 온몸을 오들오들 떨면서도 뭐가 그리 좋고 즐거웠는지, 그 밤의 해수욕은 마치 남몰래 저지르는 불장난만 같았다.

"오, 진Jin, 나는 너를 사랑해! 사실 처음엔 우리가 친해질 거라고 상상도 못 했었는데, 지금은 확실히 말할 수 있어, 내가 너를 정말 많이 사랑한다고!"

기행을 저지르는 즐거움에 취해 내뱉은 취중진담이었을까. 아니, 스테파니라면 제 속마음을 드러내 보이는 데에 취기의 도움 따위 필요하지 않았을 것 같다. 빛이라곤 달빛 한 줄기뿐이었던 칠흑 같은 그 밤, 나를 향해 낭만적인 고백을 읊조리던 그녀의 눈망울이 달빛보다 밝았다.

화사한 행복

벨기에 여행을 마치고 발렌시아로 돌아온 날. 언제나 그랬듯이 나는 그날도 해가 저물 즈음 해서 운동복으로 갈아입고 투리아 정원에 나갔다. 유월의 초입이었다.

오래간만에 마주한 정원의 풍경이 이전과는 사뭇 달라 보였다. 꽃 때문이었다. 긴긴, 정말 아주 많이 긴 투리아 정원 가득히 꽃나무들이 만개해있었다.

가만히 생각해봤다. 그러고 보니 여행을 떠나기 전에도 이곳에서 종종 흩날리는 꽃잎들을 봤었던 기억이 났다. 맨몸의 가지들이 가시처럼 솟아있어 어딘지 스산한 느낌을 주는 나무들 사이로 꽃잎 몇장만이 덩그러니 날아다니곤 했었다. 꽃이 그새 다 지고 앙상하게 뼈만 남은 가지를 나는 보고 있구나, 하고 나는 그 꽃잎들을 바라보며 생각했었다.

하지만 이제 와서 돌이켜보니 그때 내가 본 꽃잎들은 꽃이 다 지
고 남은 꽃송이의 잔해들이 아니었다. 이제 곧 피어날 꽃망울의 꽃
잎들이었다. 지금 이 순간 공원을 보랏빛 향기로 물들이고 있는 바
로 이 자카란다jacaranda의 꽃잎. 발렌시아의 아열대 지중해성 기후에
서 자카란다는 늦봄과 초여름 사이, 그러니까 딱 이맘쯤에 꽃을 피
우게 되어 있었다.

발렌시아는 언제나 맑음

　　꽃봉오리가 피어날 내일보다 잎사귀가 시들어버린 내일을 상상
하는 데에 더 익숙한 내 모습을 문득 깨달았다. 실패의 역사를 거듭
경험했던 이십 대를 지나, 나는 시나브로 겁이 많은 삼십 대가 되어
있었다. 긍정적인 결말보단 부정적인 결말이 내 현실이 되는 것에
익숙했다. 애당초 부정적인 결말을 가정해버리면 나중에 그 결과를
수용할 때 조금은 더 덤덤할 수 있다는 사실까지도 체득한 뒤였다.

스페인의 빨간 맛

성공보단 실패를 가정하는 게 더 자연스러워진 이유였다. 좋게 말해 전략, 제대로 말해 꼼수였다.

하지만 흐드러진 꽃송이들이 만든 그늘 아래에서 화사한 발걸음을 내딛던 그날, 나는 어딘지 묘한 기분을 느꼈다. 마치 예기치 않았던 오늘 이 풍경과의 조우처럼, 무르익어 환히 만발하는 꽃 같은 미래가 내 앞에도 펼쳐질지 모를 일이라는 막연한 긍정적 예감이 나를 찾아왔다.

'나는 행복해도 되는가.'

발렌시아에서 지내는 동안 이 질긴 의문 하나가 내 머릿속에서 가실 줄을 몰랐다. 이렇게 마냥 행복해해도 되는 걸까. 이 꿈결 같은 시간이 지나간 뒤 내가 필연적으로 마주해야 할 '행복의 대가'는 과연 내가 감당할 만한 크기의 것인 걸까. 발렌시아에서의 행복한 일상이 계속될수록 나는 내가 누리는 이 행복의 당위성을 자꾸만 의심하려 들었다.

하지만 오늘 마주한 이 보랏빛 절경, 그리고 그 절경이 선물한 긍정적 예감이 내 안에 남아 있던 회의의 불씨를 거두어갔다.

'나는 행복해도 괜찮아.'

치열하고 부지런하게 살아왔던 나의 지난날들을 되돌아보게 되기까지 꽤 오랜 시간이 걸렸다. 지금의 행복은 후회의 빌미가 아니라 과거의 내가 일궈낸 온당한 열매라는 사실을 인정하기까지도 많은 시간이 필요했다. 이쯤 되면 잠시 쉬어가도 되는 거라고, 잿빛 미래를 떠올릴 필요도 두려워할 필요도 없고, 나는 그저 발렌시아의 유월, 칠월, 그리고 더 남은 이 도시의 계절들을 온전히 즐기면 그뿐인거라고, 마음속으로 되새겼다. 나는 발렌시아에서 행복해도 괜찮아.

마침내 행복할 가치를 지닌 존재로서 나 자신을 받아들이게 된 건 내 삶의 큰 변화였다. 오래간만에 내 안에 피어오른 낙관이 반가웠다.

맑고 시원한 공기를 한껏 들이키며 운동하는 내 머리 위로, 다음 날도, 그다음 날도, 자카란다의 기품 있는 보랏빛이 풍성했다. 자카란다의 꽃말은 '화사한 행복'이었다.

소로야가 그린 바다

스페인에 가기로 결정한 뒤 제일 먼저 연락했던 친구는 다비드 David였다. 2007년 여름에 그를 처음 만났었으니까 햇수로 10년도 더 된 친구였다. 우리가 처음 만났던 건 몽골에서였고, 한 2년 전쯤 에는 한국으로 여행 온 그를 서울에서도 한 번 만난 적이 있었다. 이 다음에는 꼭 스페인에서 만나자, 하며 헤어졌지만 솔직히 그 약속 을 정말 지킬 수 있을진 확신할 수 없었다. 그래서 더 기쁜 맘에 그 에게 전화를 걸어 나는 불쑥 말했다.

"나 드디어 너희 나라에 가게 됐어!"

그는 마드릴레뇨Madrileño5였다. 처음 마드리드에 도착했을 때에 는 그를 종종 만나 정착지에 관한 조언을 구하곤 했다. 안달루시아

---

5   마드리드 사람.

Children on the Beach, 1910 - Joaquín Sorolla (Museo del Prado)

일대를 꽤 구석구석 돌아보고 왔지만 아직도 내 마음을 확 사로잡는
단 하나의 도시를 만나지 못한 터였다.

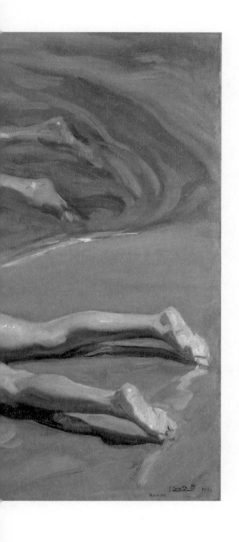

사실 내가 어떤 말을 늘 어놓든 돌아오는 다비드의 대답은 '답정마'였다. "답은 정해져 있으니 너는 마드리드에 정착하면 돼!" 물론 농담 조긴 했지만 마드리드를 향한 그의 찬양이 유별난 건 사실이었다. 세계적인 규모의 미술관들을 마음껏 드나들 수 있는 이 도시가, 소문난 미술 덕후인 그에게는 더 없는 축복인 까닭에서였다.

"진Jin, 마드리드에서 본 작품들 가운데 뭐가 특히 좋았어?"

"음, 하나만 고르긴 어렵지만 소로야라는 화가의 그림이 유독 인상적이긴 했어. 햇살을 머금은 바다를 그린 그림이었는데, 그 그림 속에서 느껴지는 바닷물과 모래의 촉감 같은 게 너무도 생생했어. 그 그림을 처음 마주한 순간 그 장면 속으로 당장 들어가고 싶은 충동이 일 정도였으니까."

정말이었다. 벨라스케스, 고야, 엘 그레코, 피카소, 호안 미로, 달리 등등 헤아릴 수 없는 스페인 거장들의 숨결이 살아 숨 쉬던 그 도시에서, 나를 사로잡은 한 폭의 장면은 따로 있었다. 내겐 다소 낯선 이름이었던 소로야라는 화가가 그린 그림이었다.

"아, 프라도 미술관의 1층에 전시 돼있는 〈해변의 아이들〉을 말하는 거구나? 호아킨 소로야Joaquín Sorolla라는 인상주의파 화가야. 발렌시아 출신이고, 발렌시아의 바다를 배경으로 한 작품들을 많이 남겼지. 그러고 보니 진Jin, 너 다음 행선지로 발렌시아에 들러보는 건 어때?"

발렌시아. 낯선 그 이름이 내 기억에 아로새겨지던 순간이었다. 소로야의 그림에서처럼 온 존재들이 햇살을 머금어 반짝반짝 빛나고 있을 것만 같던 그 온후한 이름.

며칠 뒤, 마드리드를 떠나 다음 행선지로 향하기 위해 나는 다시 짐을 꾸렸다. 2018년 3월, 목적지는 발렌시아였다.

스페인의 빨간 맛

발렌시아를 걷는 시간

투리아 정원 Jardín del Turia

마드리드에서 출발한 버스가 네 시간을 달려 마침내 발렌시아 시내에 들어섰다. 나는 차창에 이마를 꼭 붙이고 창밖을 바라봤다. 도로 바로 옆으로 공원이 내다 보였다. 버스가 아무리 달리고 또 달려도 그 공원에는 끝이 보이지 않았다. 새파란 하늘 아래 놀랍도록 기다랗게 펼쳐져 있던 신록. 그게 내가 마주한 발렌시아의 첫인상이었다.

공원의 이름은 '투리아 정원 Jardín del Turia'이었다. 도시의 한가운데를 서에서 동으로 가로지르고 있어 그 길이만 무려 7km에 달하는, 스페인에서 가장 큰 도시공원. 마침 숙소에서 공원까지는 고작 걸어서 10분 거리였다. 나는 짐을 풀자마자 곧장 그곳으로 달려갔다.

기대를 저버리지 않았다. 가까이서 바라본 공원의 풍경은 멀리서 보던 것보다 훨씬 아름다웠다. 울창한 나무들 사이에 해먹을 달고

낮잠을 청하는 사람들, 잔디 위에 돗자리를 깔고 누워 비키니 바람
으로 일광욕을 즐기는 사람들, 언덕 한편에 자리를 잡고 요가 수업,
라틴 댄스 수업, 체조 수업을 듣는 사람들, 음악을 크게 틀어놓고 격
렬한 춤을 선보이거나 허공을 가로지를 듯 스케이트보드를 타는 청
년들, 코트 안에서 야구 교실, 축구 교실에 참여 중인 소년 소녀들,
흙밭에서 모래를 만지며 놀고 자전거를 타는 어린이들, 강아지와 함
께 산책하는 가족들, 긴긴 산책로를 따라 걷거나 조깅하는 수많은
시민들. 따사로운 햇발을 받아 더욱 꿈결 같던 공원의 풍경에 걸어
도 걸어도 끝이 보이지 않았다.

투리아 정원은 시민들의 휴식처이자 발렌시아의 여부없는 랜드

마크였다. 또한 이 공간은 이 도시의 현대사를 품은 역사적인 공간이기도 했다.

이곳 현지인들은 투리아 정원을 'el río'라고 불렀다. '강'이라는 뜻의 이 별칭이 일상적으로 통용되는 이유는 이 공원이 실제로 과거에 강을 이루었던 공간 위에 조성된 공원이기 때문이었다.

1957년 발렌시아에는 역사상 최악의 홍수가 발생했다. 이에 스페인 정부와 발렌시아 시의회는 투리아 강의 물줄기를 도시 바깥으로 우회시키고 기존에 강이 흐르던 공간에 고속도로를 건설하는 프로젝트 'Plan Sur'를 발표했다. 하지만 시민들은 그 공간에 고속도로를 세울 것이 아니라 시민들을 위한 녹지를 형성해야 한다고 주장했다. 바로 그러한 바람을 안고 거리로 나와 그들이 외친 모토가 "El río es nuestro y lo queremos verde", 즉 "강은 우리의 것이고 우리는 그것이 푸르르길 바란다"였다. 종국에 그들의 운동은 성공했다. 그리고 투리아 강이 흐르던 공간에는 오늘날의 푸르른 투리아 정원이 조성되었다. 시민들이 능동적으로 쟁취해낸 시민 복지의 터전이자, 대홍수라는 위기를 기회로 바꾸어낸 모범적인 시정의 실례. 그것이 바로 투리아 정원이 갖는 역사적 의미였다.

 예술과 과학의 도시 CAC

투리아 강류가 그러했던 것처럼 투리아 정원 역시 발렌시아를 서

스페인의 빨간 맛

에서 동으로 가로질러 도시의 동쪽 끝, 지중해에 가닿았다. 동쪽 방
향으로 공원 길을 따라 걷다 보니, 정말로 지중해가 투리아 강의 물
줄기를 받아들이는 지점이었을 그 길의 끝에 다다랐다. 그리고 그곳

발렌시아는 언제나 맑음

에는 'CAC'가 있었다.

"발렌시아에 왔으면 CAC에 가서 기념사진을 찍어야지!"

CAC에 도착하기 직전에 들른 식당에서 사람들이 내게 해준 말이었다. 이제 막 발렌시아에 도착했다는 내 얘기를 듣고 종업원, 손님 할 것 없이 거기 있던 모두가 한 목소리로 추천하던 곳이 바로 이 CAC였다. 고작 인증샷 몇 장 남기겠다고 그 멀리까지 가야 하나, 싶은 내 생각을 물론 입 밖으로 내뱉진 않았었다.

 '예술과 과학의 도시'라는 뜻의 CAC^{Ciudad de las Artes y las Ciencias}는
이름처럼 예술과 과학이 공존하는 첨단의 문화 단지이다. 발렌시아
출신의 건축가 산티아고 칼라트라바^{Santiago Calatrava}를 비롯한 세계의
유수한 건축가들의 협업으로 완성된 공간으로, 단지 안에 들어선 웅
대하고 화려한 건축물들은 각각 과학박물관, 천문관, 수족관, 오페라
극장, 식물원, 체육관 등으로서 기능하면서 방문객들의 문화생활의
터전이 되어준다.
 내가 CAC를 처음 방문한 그날 하늘은 구름 한 점 없이 맑고 푸르
렀다. 그 아래 광활하게 펼쳐져 있는 인공 호수의 물결은 거짓말처럼
새파랬다. 호수 위에서 물 자전거^{water bike}를 타는 아버지와 아들, 나
룻배를 타고 노를 젓는 연인들, 공기를 가득 채워 넣은 투명한 공 안
에서 데굴데굴 구르며 즐거워하는 아이들이 보였다. 여기에 눈目, 고
래, 수련 등을 형상화한 우람한 건축물들의 유려한 자태가 더해지고
보니, 식당에서 만난 이들의 말이 틀리지 않았음이 그제야 실감되었
다. 이곳은 자연의 절경이나 역사적인 명소가 전하는 아름다움과는
또 다른 차원의 아름다움이 존재하는 공간이었다. 2018년이 아니라
2058년쯤 되는 미래의 한가운데에 와 있는 것 같기도 했고, 이 세상
에 유토피아가 존재한다면 바로 이런 모습일까 하는 생각도 들었다.
 머리 위로 햇살이 찬연하고 봄바람이 살랑거렸다. 눈에 보이는

모든 것들이 초현실적인 분위기를 뿜냈다. 투리아 정원을 거쳐 CAC 까지 당도했던 그날, 나는 아마 내가 이 도시에 정착하게 될지도 모르겠다는 어렴풋한 예감을 느꼈다.

☂ 말바로사 해변 Playa de la Malvarrosa

그날의 예감은 현실이 되었다. 나는 발렌시아에 푼 짐을 다시 꾸리지 않았다. 그리고 계절이 다 가도록 이 도시에 오래 머물렀다.

하지만 처음 발렌시아에 오기로 마음먹었던 때의 기대와는 달리, 소로야가 그린 그림 속에서처럼 이곳 바다에서 해수욕을 즐기기란 생각처럼 쉬운 일이 아니었다. 지중해 연안에 위치해 있어 연중 온화한 도시라고는 하지만 삼사월의 발렌시아 바닷바람은 아직도 꽤나 찼기 때문이었다.

그렇게 몇 달을 더 기다린 끝에 유월. 마침내 발렌시아에 여름이 찾아왔다.

수영복을 안에 챙겨 입고 집을 나섰다. 행선지는 '말바로사 해변 Playa de la Malvarrosa'. 우리 집 앞에서 3번 트램을 타면 바로 갈 수 있는 해변이자, 발렌시아에서 단연 가장 많은 시민들이 찾는 가장 상징적인 해변이었다. 1856년 프랑스 출신의 정원사 장 펠릭스 로벨라르 클로지에Jean Felix Robeillard Closier가 이 구역에 'malvarrosa제라늄 꽃' 농

원을 세웠던 것이 기원이 되어, 오늘날까지 해변은 말바로사라는 이름을 간직하고 있었다.

정말이었다. 그곳에 가면 햇빛 아래에서 반짝반짝 빛을 뿜는 밝은 바다가 있었다. 소로야가 그림에서 표현한 찬란한 태양광은 이곳에 실재하는 빛깔이었다.

나는 그 바다 앞에 서서 힘껏 숨을 들이마셔 보았다. 후텁하지 않아 온화한 공기의 맛이 참 좋았다. 나를 이 도시에 오게 했던 바로 그 바다 앞에 서 있단 사실에 새삼 가슴이 벅차올랐다.

　일찍이 다비드는 나에게 발렌시아의 바다 풍경에 너무 큰 기대를 품지는 말라고 일러준 적이 있었다. 흔히들 꿈꾸는 카리브해의 크리스탈 빛깔 바다 같은 건 그곳에 존재하지 않는다는 이야기였다. 그리고 그의 말은 사실이었다. 수정처럼 투명한 바다 색깔, 정열적인 남국의 정취 같은 건 말바로사 해변에 없었다. 바닷물은 내 발이 채 들여다 보이지도 않을 만큼 탁했고, 여름이면 무더위와 사투하다 바다로 몰려나온 어마어마한 수의 시민들로 인해 모래사장 전체가 누울 자리 하나 없이 빼곡했다.

　하지만 말바로사에는 고유의 빛깔이 있었다. 그 유명한 '발렌시아 오렌지'를 키워낸 이 도시의 따사로운 햇빛. (모르긴 몰라도, 아마 이 햇빛이 발렌시아인들의 온화한 품성을 키워낸 장본이기도 하리라고 나는 늘 생각했다.) 바라보는 것만으로도 마음에 평화를 가져다주는 듯한 그 빛깔이 해변 전체를 포근히 감싸고 있었다. 말바로사의 이 찬연한 광채는, 그 어떤 호화로운 휴양 도시의 강렬한 색감보다도 내 마음에 오랜 잔상을 남겼다. 발렌시아의 바다는 호사스러운 바캉스 대신 적요한 휴식을 선물하는, 말이 없고 우직한 친구와 같았다.

　발렌시아의 여름은 듣던 대로 뜨거웠다. 그 무더위를 핑계 삼아

나와 하우스메이트 마리아María는 틈만 나면 차가운 라들레르radler6
한 병씩을 들고 말바로사를 찾았다. 우리의 유월과 칠월이 그렇게
흘러갔다. 마리아는 후에 이 시간을 그녀 인생 최고의 여름이라고
추억하곤 했다.

---

6   라거에 레모네이드 등을 섞은 혼합주.

발렌시아는 언제나 맑음

🔔 미겔레테 El Miguelete

그리고 어느덧 칠월의 마지막 일요일. 마리아가 발렌시아를 떠나기까지 고작 삼 일을 남겨둔 날이었다.

마리아는 사소한 것에도 의미를 붙이고 애정을 쏟기 좋아하는 친구였다. 그날도 그랬다. '우리가 발렌시아에서 함께 보내는 마지막 일요일'이라고 호들갑을 떨며, 그날을 꼭 특별하게 보내겠노라고 내게 여러 번 강조해서 말했었다.

특별한 마지막 일요일을 위해 우리가 생각해낸 묘안은 '미겔레테 El Miguelete'였다. 높이가 51m에 달하는 발렌시아 대성당의 종탑이자 발렌시아에서 가장 높은 전망대가 있는 곳. 그 탑의 정상에 도착하기 위해선 무려 207개의 계단을 걸어 올라가야 한다고 했다. 그곳 전망의 명성은 익히 들어 알고 있었지만, 207개의 계단을 오를 엄두가 나지 않아 미루고 미루던 게 그만 칠월의 끝무렵까지 온 거였다.

그리고 그날, 우리는 "Now or never"라는 결론하에 비로소 207계에 도전장을 내밀었다. 207보 혹은 그 이상의 발걸음을 한 발 한 발 내디뎌 마침내 도착한 정상. 기진맥진할 듯 거친 숨을 내뱉는 우리의 머리 위로 거대한 종의 그림자가 드리워져 있었다. 종의 이름은 '미겔 Miguel'이었다. 이 종탑이 '미겔레테'라고 불리는 이유도 바로 이 미겔 때문이었다.

되는대로 아무 데나 털썩 주저앉았다. 한참을 그러고 있고 보니 가쁜 숨이 겨우 가라앉았다. 그래 봤자 겨우 51m 높이 올라온 거긴 하지만, 머리 위에 드리워진 발렌시아의 파아란 하늘이 평소보다 한

발렌시아는 언제나 맑음

층 가깝게 느껴졌다.

그리고 문득, 이곳이 전망대라는 사실이 뒤늦게 떠올랐다. 우리
는 심호흡을 한 번 크게 내뱉고 몸을 일으켰다. 그리고 전망이 내려
다 보이는 종탑의 벽 앞에 섰다. 그 순간,

정적이 감돌았다.

그곳에서는 발렌시아의 모든 것이 내려다 보였다. 투리아 정원,
CAC, 말바로사 해변은 물론, 19세기 중반까지 도시의 성곽을 이루
었다던 콰르트 탑Torres de Quart과 세라노스 탑Torres de Serranos, 그리고

도시의 중심이 되는 구시가지의 여러 광장들이 모두 보였다. 도시의 탁 트인 전망이 나와 마리아 사이의 공기를 적막으로 메웠다. 그 어떤 감탄사나 수려한 언어로도 그 순간의 감동을 표현할 순 없을 것 같았다.

가장자리를 따라 종탑을 비잉 돌며 도시의 파노라마를 감상했다. 우리 집과 학원의 위치는 어디쯤일지 하나하나 손으로 짚어보고, 매일 같이 내가 걷는 길들도 눈으로 좇아보았다.

그리고, 가만히 눈을 감아보았다. 멀리서 작은 점처럼 보이던 그 모든 익숙한 장소들이 눈을 감아도 머릿속에 선명하게 그려졌다. 그곳에서 항상 마주치는 이웃들의 옷차림과 표정, 매일 지나는 교차로의 신호등 순서까지도 생생했다. 길들여진다는 것은 곧 관계를 맺는 일이라고 했던가. 지난 반년 동안 발렌시아와 내가 맺어온 도타운 관계를 마음으로 더듬어보았다. 이마에 맺혀 있던 땀방울이 시원한 솔바람에 시나브로 식어가는 걸 느꼈다.

종탑에서 내려왔다. 마리아와 라들레르를 한 병씩 나눠마시고 천천히 구시가지를 걸었다. '그녀 인생 최고의 여름'에 마침표를 찍어야 하는 순간이 왔음을 인지해서였을까. 더할 나위 없이 특별하게 보낸 그 하루의 끝에서도 마리아의 눈빛에는 어쩔 수 없는 아쉬움이 짙었다.

그때, '미겔'의 종소리가 울려 퍼졌다. 10톤에 달하는 미겔이 내

뿜는 둔중한 소리가 도시를 메웠다. 우리는 발걸음을 멈추고 종탑을
향해 섰다.

　　댕, 댕, 댕, 댕.
　　아홉 시를 알리는 종소리가 꼬박 아홉 번을 울렸다.
　　댕, 댕, 댕, 댕, 댕.

마침내 미겔이 잠잠해졌다. 멈춰 있던 시간이 다시 흐르기 시작
했다. 아무 말 없이 종소리를 세던 우리도 다시금 발걸음을 뗐다. 그
발걸음이 도시의 어디로 향하든 우리에겐 더 이상 지도가 필요하지
않은 7월의 마지막 일요일이었다.

3장

인연은 그렇게

가을이 오면 코르도바에 놀러 오세요

산 페르민San Fermin 축제는 스페인의 북부 도시 팜플로나Pamplona
에서 매년 7월에 열리는 스페인 최대의 소몰이 축제다. 빨간 머플러
를 목에 두른 청년들이 성난 황소들과 함께 좁은 골목길 위를 전력
질주하는 장면. 누구라도 한 번쯤은 접해봤을 그 장면이 바로 산 페
르민 축제의 대표적인 광경이다.

나는 7월이 시작되고도 며칠이 지나서야 산 페르민 축제가 개막했
단 소식을 뒤늦게 접했다. 기복이 없어 단조로운 발렌시아의 일상에
제법 빠져 지냈던 탓인지 그즈음 해서는 바깥 소식에 도통 느렸다.

소식을 접하자마자 나는 곧장 팜플로나로 가는 교통편을 검색하
기 시작했다. '어떻게 갈지'가 문제였지, '갈지 말지'는 고민의 대상
이 아니었다. 스페인 하면 떠오르는 상징적인 축제가 지금 이 순간
열리고 있다는데, 가진 거라곤 시간뿐인 내가 당장 그곳을 찾아가

보지 않을 이유가 없었다. 다행히도 발렌시아에서 팜플로나로 향하는 블라블라카 한 대가 있었다. 이튿날 나는 그 차를 타고 바로 팜플로나로 넘어갔다.

　물론, 넘어오고 보니 그제야 '당장 팜플로나로 향하기를 주저했어야 했던 이유'들이 몇 떠오르긴 했다. 일단, 나에겐 동행이 없었다. 그래도 명색이 축젠데 혼자보단 누군가와 함께일 때 더 즐겁지 않을까. 그리고 나에겐 정보도 없었다. 몇 시에, 어디로 가서, 뭐부터, 어떻게 봐야 하는 건지. 혈혈단신의 초심자로서 도시의 한가운데에 서

인연은 그렇게

고 보니 갑자기 이 축제라는 존재가 내게 너무도 거대한 실체로 다가왔다.

대충 인터넷을 뒤져봤다. 축제 기간 동안에는 매일 아침 일찍 엔시에로encierro7가 열리고, 매일 오후 투우 경기가 열린다고 적혀있었다. 오늘 아침 엔시에로는 이미 물 건너갔으니까 일단 오후에 있을 투우 경기 티켓이나 구하고 보자. 나는 무작정 구글 지도에서 투우장 좌표를 찍고 그곳 매표소 앞에 찾아가 줄을 섰다.

줄은 꽤 길었다. 이미 한참을 기다린 것 같은데 아직도 30여 분은 더 기다려야 한다고 했다. 슬슬 해도 뜨거워지고 몸도 지쳐갔다. 이럴 바에야 그냥 온라인으로 표를 사는 게 낫지 않을까.

마침 주위를 둘러보니 내 뒤로 줄을 서 있던 한 스페인 가족이 눈에 들어왔다. 밑져야 본전이다 생각하고 그 가족의 엄마로 추정되는 여인에게 질문을 던졌다. 사실 궁금하면 구글을 찾아보면 그만이긴 했다. 하지만 나는 내가 묻는 질문에 늘 친절하고 유쾌한 답변을 내놓는 스페인 사람들과의 대화가 항상 즐거웠다.

"안녕. 물어볼 게 있는데, 오늘자 투우 경기 입장권은 꼭 이 매표소에서만 살 수 있는 거야? 혹시 온라인에서는 안 팔아?"

"음… 아마 온라인에서도 팔지 않을까?"

---

7 좁은 골목길에서 시민들과 황소들이 함께 달리는 이벤트.

"그런데 왜 이 많은 사람들은 온라인에서 표를 사지 않고 여기서 줄을 서 있는 거야?"

"음… 그러게. 왜 우리는 줄을 서 있는 걸까? (남편을 향해) 여보, 우리는 왜 온라인에서 표를 사지 않고 여기서 줄을 서 있는 거지?"

그녀나 나나 정보가 없기로는 도긴개긴인 것 같았다. 약간의 낙심이 없잖아 느껴지는 대화였지만 어차피 밑져야 본전일 시도였으니까. 나는 원하던 해답을 얻지 못했지만 개의치 않았다. 그리고 온라인 매표 상황을 알아보려면 내가 직접 핸드폰으로 검색을 해보는 수밖에 없겠다고 생각했다.

핸드폰 화면에 구글 앱을 켰다. 하지만 이내 다른 생각이 떠올랐다. 나는 띄워둔 구글 앱을 그냥 꺼버렸다. 그리고 지금 서 있는 줄에서 내 차례가 올 때까지 조금만 더 기다려보기로 했다. 이유는 알 수 없었지만 왠지 그래야 할 것 같았다. 이곳에서 조금 더 기다리고 있다 보면 어떤 좋은 일인가가 오늘 내게 생길 것만 같은 예감이 들었다.

조금 뒤. 뒤에서 누군가 내 어깨를 툭툭 쳐왔다. 아까 나와 시답잖은 짧은 대화를 나눴던 바로 그 여인이었다.

"그런데… 너는 어느 나라에서 왔니?"

조금 전 내가 느꼈던 그 좋은 예감은 바로 이 순간을 위한 것이었을까. 일면식도 없던 누군가가, 내 인생에서 끝내 잊히지 않을 단 한 송이의 꽃이 되어 내 삶 속으로 들어오는 경이로운 이 순간. 여인과 나는 인사를 나누고 간단한 소개를 했다. 그리고 매표소 줄이 전부 줄어 우리 차례가 올 때까지 긴긴 대화를 나누었다.

토니Toñi와 나의 인연은 그렇게 시작됐다.

"내 이름은 토니라고 해. 여기는 나의 남편 에밀리오Emilio, 그리고 큰아들 에밀리오Emilio야. 나는 두 명의 에밀리오와 함께 살고 있어. 너희 가족들은 어디에 있니? 팜플로나에는 너 혼자 온 거야?"

오늘자 투우를 보겠답시고 오랜 시간 홀로 줄을 서 있더니 제법 더듬거릴 줄 아는 스페인어로 질문을 던져오기까지 하는 이 동양 여인의 존재가 그녀 눈엔 제법 신기해 보였던가 보다. 아까와는 반대로 이번에는 토니가 나에게 질문 세례를 퍼부어왔다. 이름, 국적, 가족관계, 나이, 직업, 그리고 기타 등등.

오늘 처음 만난 사람에게 당하는 뜬금없는 호구 조사였지만 나는 그게 불쾌하지 않았다. 토니의 눈빛은 정답고 포근했다. 원어민이 아닌 나를 배려해서 한 단어 한 단어 또박또박 발음하는 그녀의 문장들 속에서 그녀의 고운 마음이 느껴졌다. 토니가 내게 보여오는 관심의 기저에 그녀의 애정이 어려있음을 느끼기란 조금도 어렵지 않았다. 그리고 나는 스페인 사람들의 이런 적극적이고 꾸밈없는 태도를 몹시 사랑했다.

그렇게 시시콜콜한 대화를 한동안 나누다 보니 나도 토니에 대해

아는 바가 꽤 생겼다.

그녀는 남편 에밀리오, 그리고 열여덟 살, 열세 살 먹은 두 아들과 살고 있는 이 가족의 홍일점이었다. 또 그녀는 산 페르민 축제의 열혈 팬이었다. 그래서 이들 가족은 상황이 허락하는 한 거의 매년 이 축제에 참석해왔다고 했다. 놀라운 건 그들이 사는 곳이 스페인의 남부 지역 안달루시아에 위치한 코르도바Córdoba라는 사실이었다. 그 말인즉슨 그들에게 있어 팜플로나행이 스페인을 남북으로 가로지르는 적지 않은 수고를 동반한 여정이라는 말이었다. 엄마를 위해 온 가족이 매년 이 쉽지 않은 여정에 함께 해주고 있다 하니, 토니네 가족의 품성과 화목한 집안 분위기를 얼추 짐작할 수 있었다.

그들의 그 고된 여정의 덕을 그날은 예기치 않게도 내가 보고 있었다. 이미 축제의 전반을 꿰뚫고 있는 '산 페르민 권위자' 토니의 도움으로, 당일 투우 경기의 명당 좌석뿐만 아니라 다음 날 엔시에로의 투우장 관람권까지 모두 구하게 된 거였다.

"우리도 너랑 똑같이 내일자 엔시에로 관람권을 샀어. 내일 새벽 여섯 시에 바로 이 자리에서 다시 만나자. 다 함께 엔시에로를 보게 된다면 그 재미가 배가 될 거야!"

오늘자 투우 경기 입장권을 구하게 된다면 그것만으로도 슈퍼세이브인 거라고 생각했었는데, 나는 그날 도리어 더 큰 수확을 얻어가게 됐다. '동행'. 발렌시아에서 내가 미처 준비해오지 않았던 바로 그것이었다.

약속했던 대로 이튿날 새벽 여섯 시에 우리는 투우장 앞에서 다시 만났다. 토니, 남편 에밀리오, 큰아들 에밀리오, 그리고 어제는 밀린 공부를 마저 하느라 매표소에 나오지 못하고 호텔에 머물고 있었다는 막내아들 후안Juan이 모두 나와 나를 기다리고 있었다. 잊지 않고 약속을 지켜준 이들에게 고마운 마음이 들었다.

우리는 개장 시각에 맞춰 투우장에 입장했다. 그리고 한 가족처럼 한데 줄지어 자리를 잡았다. 아침 여덟 시가 되자 팜플로나 시내의 좁은 골목길을 경주로 삼아 거세게 달음질 해오던 황소와 청년들이 엔시에로의 최종 목적지인 투우장 안으로 들어왔다. 황소와 청년들은 이제 이 투우장을 무대 삼아 서로를 끓리기를 이어갔다. 황소에게 겁도 없이 달려들어보지만 결국엔 우스꽝스러운 포즈로 내동댕이 쳐지고 마는 청년들의 무모한 도발이 계속됐다. 그 모습을 보며 토니는 아이처럼 웃고 재미있어했다. 투우장 안을 가득 메운 관중들의 열띤 열기에 힘입어 나와 가족들도 덩달아 즐거운 시간을 보냈다.

"진Jin, 우리는 언제 다시 만날 수 있는 거야? 코르도바로 돌아가고 나면 진Jin이 무척 보고 싶을 것 같아."

열세 살 꼬마 후안이 사슴 같은 눈망울로 나를 바라보며 이렇게 말했다. 전쟁 같았던 그날의 엔시에로가 막을 내리고, 투우장 근처의 한 카페테리아에서 다 함께 아침 식사를 하던 도중이었다. 우리가 만난 지는 이제 겨우 세 시간이 지났을 뿐이었다. 하지만 나 또한 발렌시아로 돌아가고 나면 이 깊고 맑은 눈을 가진 소년이, 그리고 토니네 가족 모두가 몹시 그리울 것 같다는 생각을 했다.

"진Jin, 가을이 오면 코르도바에 놀러 와. 우리 가족은 그때까지 너를 기다리고 있을 거야."

후안의 탄식에 맞장구를 치듯 토니가 나를 코르도바로 초대했다. 하지만 지금 당장은 아니라고 했다. 꼭 가을이 온 뒤여야만 한다며

'9월 15일 이후'라고 구체적인 날짜를 콕 집어주기까지 했다. 그때나 돼야 코르도바의 악명 높은 폭염이 겨우 한풀 꺾여 있을 거라는 이유에서였다. 칠팔월은 손님을 초대하는 게 실례일 정도로 코르도바의 무더위가 기승을 부리는 시기라고 했다.

아침 식사를 마치고 나는 서둘러 자리를 떠야 했다. 마음만 같아선 팜플로나에 남아 이들 가족과 더 긴 시간을 함께 보내고 싶었지만, 발렌시아로 돌아가는 교통편을 놓치지 않기 위해선 어쩔 도리가 없었다.

그렇게 우리는 작별했다. 다가올 가을을 기다리며, 재회를 기약하며. 함께한 시간은 짧았지만 그날 우리가 나눈 작별 인사는 길고 애틋했다. 코르도바에 가을이 오기까지 나는 앞으로 몇 밤을 더 자야 하던가. 생각을 곱씹으며 발렌시아로 돌아가는 내 마음이 살포시 달떠 왔다.

로즈메리

코르도바의 불볕더위는 정말로 만만하게 볼 놈이 아니었다.

발렌시아도 덥고 습하기로는 스페인에서 둘째가라면 서러운 도시였다. 하지만 발렌시아에 가을의 기운이 내려앉고 한참이 지난 시점까지도 코르도바의 맹렬한 고온은 가실 줄을 몰랐다. 내 핸드폰 홈 화면에는 발렌시아의 일기예보와 코르도바의 일기예보가 늘 함께 띄워져 있었다. 외사랑하는 이의 마음을 희롱하기라도 하듯, 코르도바의 가을은 올 듯 말 듯 그렇게 내 애를 오래 태웠다.

그러다가 시나브로 시월의 초입. 마침내 코르도바에도 가을이 왔다. 그리고 나도 이 도시에 왔다.

드디어 토니Toñi네 가족을 다시 만났다.

만나자마자 우리는 뜨거운 포옹을 나눴다. 왼볼에 한 번, 오른볼에 또 한 번, 스페인식 볼 키스도 잊지 않았다. 얼마나 고대해온 재

회였던가. 팜플로나에서의 짧은 만남이 인연이 되어 거리의 장벽을 뛰어넘고 다시 만난 이 순간이 꿈만 같았다.

토니는 여전히 밝고 유쾌했다. 이 집의 두 에밀리오Emilio들 그리고 후안Juan 또한 팜플로나에서 확인했던 생기발랄한 모습 그대로였다. 키가 제법 커서 고등학생쯤은 돼 보이지만 알고 보면 영락없는 소년의 마음을 품은 후안은 내 품에 쏙 안기며 반가운 마음을 고백해왔다.

"진Jin, 그동안 많이 보고 싶었어. 다시 만나서 정말 좋아. 발렌시아로는 언제 돌아가는 거야? 그럼 우리는 언제 다시 볼 수 있는 거지?"

팜플로나에서도 그랬던 것처럼 이번에도 후안은 만나자마자 작별을 걱정했다. 한 발짝 앞서 걱정하는 게 특기인 후안의 어리광에 우리는 웃음을 터뜨렸다. 아직 오지 않은 미래를 걱정하는 대신 현재를 열심히 즐기는 것이 현명한 자의 태도라고 토니는 후안의 귀에 속삭였다.

토니네 집터는 넓었다. 넓은 마당의 한가운데에 집이 있었고, 앞마당, 뒷마당의 주변으로는 녹음 짙은 정원이 조성돼 있었다. 정원에는 셀 수 없는 종류의 나무와 꽃들이 자라고 있었다. 하늘 높은 줄 모르고 치솟아있던 야자수 한 그루도 눈길을 끌었다. 그곳은 토니의 비밀의 화원 같았다.

정원에서 신나게 뛰어놀던 강아지 세 마리도 나를 격하게 반겼다. 사라Sara, 훌리에타Julieta, 그리고 고르디토Gordito였다. 정말로 반려견들은 제 주인의 성격을 닮는 걸까. 토니네 가족처럼 이 삼총사도 사람을 무진히 좋아했다. 덕분에 이 집에서 지내는 동안 나는 토니네 가족 네 명분의 사랑만이 아니라 도합 일곱 명분의 사랑을 한 몸에 받는 느낌이었다.

토니는 나의 방문을 기념해 오늘 하루 거실 한구석에 촛불을 밝혀두고 있었다. 그녀 가족이 지켜보는 가운데서 나는 그 촛불을 후, 우, 하고 불었다. 그 순간 모두가 한마음으로 내게 힘찬 박수를 보내주었다. 이들 가족의 세계 안으로 환영받아 벅차오르는 감격으로 내 마음 한구석이 뜨끈히 달아올랐다.

집안 곳곳을 소개받고 구경하는 사이 어느새 뉘엿뉘엿 해가 저물었다. 코르도바에서 맞이하는 첫 번째 밤이었다.

뒷마당의 파티오에서 꼬마전구들이 반짝였다. 그 아늑한 공간에 둘러앉아 우리는 다 함께 저녁 식사를 했다. 밤늦도록 웃음소리가 끊이질 않았다. 강아지 삼총사도 줄곧 우리 곁을 지켰다. 함께 마신 코르도바산 와인에서마저 유달리 깊은 향미가 났다. 나는 무슨 자격이 있어 이리도 큰 애정과 행복을 누리는 걸까. 팜플로나에서 함께 보냈던 그때 그 새벽처럼 가슴이 벅차올라 무척이나 몽환적인 밤이었다.

동이 트자마자 토니네 가족은 코르도바의 중심지로 나를 데리고 나갔다.

갓 구워져 나온 바게트 빵 위에 코르도바산 올리브 오일과 토마토 펄프를 바르고 하몽을 얹어 먹었다. 여기에 따뜻한 코르타도cortado8 한 잔까지 곁들이고 보니, 팜플로나에서 함께 했던 식사 못지않게 맛 좋은 스페인식 아침 식사가 완성됐다. 식사를 마친 뒤에는 코르도바의 대표 유적지인 '메스키타Mezquita 대사원'에 들어가 무슬림 예술과 가톨릭 예술을 한데 음미했다. 바로 근처에 위치한 '꽃의 골목Calleja de las Flores'도 거닐어보고 오색 꽃을 배경으로 기념사진도 여러 장 남겼다.

그렇게 많은 곳을 구경시켜주고도 후안은 자꾸만 내게 뭔가를 더 해주고 싶어 했다. 그는 페니 프레스 머신penny press machine을 발견하고는 '꽃의 골목'의 전경이 담긴 기념주화를 잽싸게 찍어냈다. 기념품 가게에 들어가서 우리가 방문한 명소들이 담겨있는 기념엽서들도 사 왔다. 그리고 그것들을 전부 나한테 선물했다. 어린 후안의 때 묻지 않은 진심을 선물 받은 것만 같아 내 마음이 덩달아 청아해져 왔다. 그 어떤 값비싼 선물보다도 오래 기억될 소년의 따뜻한 선물.

시내 구경을 마치고 집으로 돌아가기 전, 우리는 토니의 엄마가

---

8 에스프레소에 동량의 스팀 밀크를 섞은 스페인식 커피

사는 집에 다 함께 들렀다. 토니만큼이나 상냥하고 정이 많은 그녀의 엄마, 그리고 역시나 사람을 무척 좋아하는 이 집의 수호견 니에블라Niebla가 우리를 반갑게 맞았다.

집 안에는 토니의 어릴 적 사진들, 그리고 에밀리오와 후안의 어릴 적 사진들이 한가득 진열되어 있었다. 그리고 토니 엄마는 처음 맞이해보는 동양인 손님을 그저 신기해하며, 내게 토니 어릴 적 이야기를 몇 보따리나 풀어놓으셨다. 사진들을 하나하나 찬찬히 살펴보며, 엄마의 걸출한 구연에 울고 웃으며, 나는 내가 걸어보지 못한 아주 오래 전의 토니의 시간을 여행했다.

엄마는 떠나는 우리들 손에 한가득 먹을거리를 들려 보내는 것도 잊지 않으셨다. 지금은 비교적 건강하게 지내고 계시지만, 불과 얼마 전까지만 해도 엄마는 큰 수술을 여러 차례 치르며 녹록지 않은 시간을 견뎌내 오셨다고 했다. 그 이야기를 들려주던 토니의 얼굴에 처음으로 어두운 안색이 짙었다.

집으로 돌아오자, 토니는 스스로 한 땀 한 땀 수놓아 만들었다는 그녀의 안달루시아 전통 의상을 내게 입혀줬다. 그리고 세비야나Las Sevillanas라 불리는 이 지역의 민속 무용도 내게 직접 가르쳐주었다. 큰아들 에밀리오와 후안은 스페인 청소년들 사이에서 유행하는 우스꽝스러운 유행어들을 내게 가르쳐주며 재밌어했고, 남편 에밀리오는 와인 애호가답게 여러 종류의 와인을 꺼내와서는 나와 한 잔씩 나눠 마시기를 청했다.

녹음이 짙은 정원 한가운데 테이블을 폈다. 그리고 코르도바의 햇살을 맞으며 그곳에서 거한 점심 식사를 했다. 토니의 엄마가 만들어 보내주신 살모레호Salmorejo9, 그리고 토니표 파에야Paella가 오늘의 메뉴였다. 선선하고 볕이 좋아서, 사랑하는 사람들과 함께라서, 그야말로 모든 것이 완벽했던 코르도바의 가을 오후였다.

코르도바는 안달루시아주의 한가운데에 위치한 내륙 도시다. 바다가 없다는 사실 하나만이 이 도시의 아쉬운 점이라고 생각하고 있었는데, 이런 내 속마음을 읽은 듯 토니가 나를 데리고 한 저수지로 향했다. 그곳에서는 많은 시민들이 물놀이를 즐기고 있었다. 심지어 저수지 바로 옆에 치링기토chiringuito10까지 번듯이 갖추어져 있었으니, 말하자면 이 저수지는 코르도바 시민들을 위로하는 작은 바다와 같은 곳이었다.

토니는 그 저수지 위에 위치한 전망대에서 석양을 감상하는 것을 좋아한다고 했다. 마침 비어있던 야외 테이블에 자리를 잡고 우리는 다 함께 그날의 일몰을 기다렸다.

우리가 앉은 좌석 옆으로 로메로Romero11 생잎이 여럿 자라고 있

---

9   토마토, 빵, 마늘, 오일 등을 갈아 만든 코르도바식 전통 퓨레.
10   해수욕을 하러 온 방문객들을 상대로 해변에서 음료와 간식을 파는 작은 가게.
11   로즈메리.

었다. 토니는 그 로메로 가지 하나를 짧게 꺾어 내게 건넸다.

　"스페인에는 로메로가 행운을 가져다준다는 믿음이 있어. 진Jin,
너의 삶에 행운이 가득하길 기원할게."

　그날 하루 나보다 더 행복한 사람은 전 우주를 뒤져봐도 없을 것만 같았다. 베푼 것 하나 없이 이토록 사랑을 받기만 하는 내 모습이 부끄러울 정도였다.

"너는 네가 다른 사람들에게 베풀었던 만큼의 사랑을 오늘 우리에게서 받고 있는 것뿐이야. 걱정할 것 하나 없어. 너에겐 우리의 사랑을 누릴 자격이 충분해."

하지만 나는 아무리 생각해봐도 내가 누군가에게 이만큼의 자비를 베풀었던 기억이 도통 나지 않았다. 앞으로 살아가는 동안 타인에게 더 많은 사랑을 베풀란 의미에서, 나는 이 지극한 사랑을 전부 선불로 받고 있는 걸까.

그때 그 부산한 산 페르민 축제의 한가운데에서 우리가 만난 건 우연이었을까. 이 넓은 지구 위에서 인연이란 대체 어떤 신비한 알고리즘으로 맺어지는 걸까. 답을 알 수 없는 행복한 질문들을 되뇌는 동안, 저수지 수면 위로 짙붉게 타오르던 저녁놀이 내 맘을 살랑 간질였다.

뚜욱. 해가 넘어갔다. 고개를 돌려 토니를 바라보니, 그녀는 지그시 눈을 감고 적막에 잠겨 있었다. 무슨 생각을 하는 중인 걸까. 나도 따라서 눈을 감아보았다. 그 순간, 그녀와 함께 고요 속을 유영하는 나의 몸짓이 사뭇 자유로웠다.

스페인의 빨간 맛

스페인의 빨간 맛

그래 봤자 불과 10여 년 전 얘기지만, 내가 대학에 다니던 때만
해도 〈스페인어 입문〉 강의를 수강하는 모든 학생들은 스페인어 사
전 한 권씩을 구입해서 보는 게 관례였다. 깨알 같은 활자로 가득
한 두터운 사전 한 권을 품에 안고 캠퍼스를 누비노라면 그게 그렇
게 뿌듯하고 낭만적일 수 없었다. 그때 그 사전의 표지에 박혀 있던
사진까지도 아직 또렷이 기억이 난다. 어느 늠름한 투우사가 투우와
혈투를 벌이고 있는 아찔한 장면의 사진이었다. 투우사의 손에선 아
주 새빨간 색깔의 천이 펄럭이고 있었다. 오랜만에 책장을 뒤져 그
때 그 사전을 꺼내 보니 사전의 겉표지 전체가 빨간색인 건 아니었
는데, 그 천의 색감이 워낙에 강렬했었던 탓인지 나는 10여 년이 넘
도록 그 사전을 '빨간 책'으로 기억하고 있었다.

전 세계적으로 잘 알려진 스페인의 유명한 축제 '산 페르민 축제'
와 '토마토 축제'의 이미지 역시 내 기억 속에선 온통 빨강으로 물들

어 있었다. 산 페르민 축제를 즐기는 모든 참가자들은 새하얀 상하의 위에 새빨간 손수건과 허리띠를 두름으로써 축제의 오랜 역사를 재현해 보인다. 또한 토마토 축제는, 설명해 무엇하랴. 그야말로 마을 전체가 토마토로 강물을 이루는 장관이 펼쳐지는 이 축제를 앞에 두고라면, 빨강이 아닌 다른 색깔을 주인공으로 꼽는 것 자체가 어불성설일 것만 같아진다.

이뿐만이 아니었다. 스페인을 대표하는 전통 무용인 '플라멩코'를 추는 여인들은, 내 기억 속에서 언제나 빨간 드레스를 입고 빨간 꽃을 머리에 달고 있었다. 축구장을 누비는 스페인 국가 대표 선수들의 상의도 곧잘 빨간색이었고, 스페인의 국기마저도 위아래로 빨간 띠를 두르고 있었다. 게다가 스페인의 별칭은 무려 '태양의 나라'가 아니던가.

나라에도 색깔이 있을까. 그렇다면 아마 스페인의 색깔은 빨간색일 것 같다. 그렇게 상상 속에서만 스페인의 색채를 그려오던 오랜 시간의 끝에, 2018년 나는 마침내 스페인 땅을 직접 밟았다. 강렬한 태양빛 그리고 이베리아 민족의 열정. 내가 경험한 스페인은 실로 하루하루가 붉은 빛깔로 타오르는 '정열의 꽃' 같은 나라였다. 그리고 이곳에서 나는 세상에서 가장 빨간 하루를 경험했다. 8월의 마지막 수요일, 토마토 축제 '라 토마티나La Tomatina'가 열리던 날이었다.

그날 우리가 발렌시아주州의 작은 마을 부뇰Buñol에 도착한 건 아침 일곱 시경이었다. 이 시간에 맞춰 오려면 발렌시아 시내에서 새벽 여섯 시에는 출발해야 했다. 첫새벽부터 채비를 마치고 집에서 나오기가 여간 버거운 게 아니었지만, 사실 우리 정도면 양반인 거였다. 바르셀로나라든지 인근의 도시에서 당일치기로 부뇰로 넘어온 차량들은 대개가 자정을 갓 넘긴 이른 새벽 시간부터 출발지를 떠나와야 했다고 했다. 심지어 어떤 여행자들은 오로지 이 축제만을 위해 몸소 발렌시아로 넘어와 몇 날 며칠을 진을 치고 있기도 했다. 이 시즌만큼 발렌시아 시내에 한국인 여행객들이 많이 보이던 때도 없었고, 이날만큼 내가 부뇰에 가까이 살고 있음이 다행스럽게 여겨진 적도 없었다.

넓은 공용 주차장 안으로 셀 수 없이 많은 관광버스들이 줄지어 들어왔다. 그리고 그 버스들 안에서 더 헤아릴 수 없는 수의 방문객들이 우르르 쏟아져 나왔다. (돌이켜보니 그 장면은 마치, 트렁크 가득 토마토를 실은 트럭들이 줄줄이 들어와 골목 한가운데에 토마토들을 냅다 토해내던 이날 축제의 하이라이트 장면과도 흡사했다.)

이맘때가 되면 시내 가득 '라 토마티나'에 대한 갖은 풍문들이 떠돌았다. 그중 하나가 '라 토마티나 추천 복장'에 관한 풍문이었다. 일찍이 귀동냥으로 그 정보를 전해들고 온 건지, 주차장을 가득 메운 참가자들 대부분이 복장을 제법 잘 갖춰 입고 있었다. 축제 전과 축제 후의 차이를 극명히 보여줄 새하얀 옷. (단, 이 옷은 오늘 하루 입고 버려도 아쉽지 않을 저렴한 옷이어야만 한다. 오늘의 토마토 소동을 한바탕 겪고 나면 이 옷은 틀림없이 의복으로서의 기능을 완전히 잃게 될 테니까.) 수많은 사람들이 뒤엉키게 될 혼돈의 현장 속에서도 두 발을 온전히 보호해줄, 앞이 뚫리지 않은 튼튼한 운동화. (물론, 이 운동화 역시 오늘이 지나고 나면 신발로서의 기능을 완벽히 상실하게 될 운명인 것이다.) 여기에, 토마토 세례로부터 두 눈을 보호할 고글이나 물안경까지 챙겨 왔다면, 당신은 이미 백 점짜리 준비된 참가자인 셈이다.

마을 입구 전역이 참가자들의 설렘과 열기로 일찍부터 달아올라 있었다. 서로 국적을 소개하고 통성명을 하는 사람들, 두당 한 병씩 나눠준 상그리아sangria 페트병을 벌써부터 까고 병째로 들이키는 사람들, 수영복, 고글, 핸드폰 방수팩, 고프로 등등 "나는 오늘을 위해 이런 것까지 준비해 왔다!"며 으스대 보이는 사람들. 그리고 이 진풍경을 카메라에 담기 바쁜 뭇 취재팀들이 우리에게 인터뷰를 청해오기도 했다.

"카메라를 바라보고 각자 자기 나라 말로 차례차례 외쳐주세요, '좋은 아침!'이라고!"

정비를 마치고 다 함께 대열을 이루어 마을 중심을 향해 걸어 나갔다.

어른 아이 다 합쳐도 고작 9천여 명 정도의 주민이 거주하는 작은 마을이었다. 그리고 이토록 작은 마을에 라 토마티나가 열리는 날만 무려 2만 2천여 명의 방문객들이 몰려든다고 했다. (그나마 2013년부터 입장권을 유료화하고 축제 수용 인원을 제한해서 이 정도에 그치는 거라고 했다.) 이방인들의 대규모 기습공격을 해마다 감내해야 한다니, 주민들 입장에선 얼마나 지긋지긋하고 넌더리가 날까. 나는 바로 그 공격진의 한 명으로서 마을을 찾아왔으면서도 마을 사람들의 수세가 지레 염려됐다. 하지만 직접 부뇰에 와서 보니 이런 내 걱정은 그저 노파심에 불과한 거였다.

　부뇰 주민들이 방문객들에게 베푸는 관용은 이미 오래전부터 유명한 얘기였다. 라 토마티나라는 축제 자체도 애당초 이곳 주민들의 아량의 덕분으로 탄생했던 행사였다.

　1945년 8월의 마지막 수요일, 부뇰의 중앙 광장에서는 'Gigantes y Cabezudos^{거인과 머리 큰 난쟁이}12' 축제의 가장행렬이 그 시작을 기다리고 있었다. 그때 이 행렬에 서로 참여하겠다며 고집을 피우는 마을 청년들 간에 싸움이 벌어졌다. 청년들은 때마침 근처에 있던

12　스페인과 포르투갈 지역을 중심으로 전해 내려오는 축제의 한 방식으로, 거대한 크기의 머리와 몸집을 한 인형들을 중심에 두고 많은 시민들이 시가를 행진하는 전통.

야채 가게의 야채들을 마구잡이로 집어던지며 서로를 공격해댔다. 바로 이 싸움이 시발점이 되어 청년들은 다음 해에도, 그다음 해에도, 같은 날 같은 장소에 모여 1945년의 그 사건을 재연해 보였다. 단, 이때는 야채 가게의 야채 대신 각자 집에서 가지고 나온 토마토를 공격의 도구로 써서 대전했다.

이 통제 불가능한 싸움이 벌어질 때마다 지역 경찰들은 마을 환경을 훼손한 죄로 청년들을 잡아들였고, 그렇게 시나브로 이 마을의 대립 구도는 '청년들 간의 대결'에서 '청년들과 경찰들 간의 대결'로 바뀌어갔다. 결국 어느 해에 이르러선가는 부뇰 주민들이 직접 청년들의 석방과 자유를 외치며 항거하기에 이르렀는데, 그때 비로소 토마토를 매개로 저항하는 청년들에 대한 상부의 통제가 사라지게 된 것이 '라 토마티나'라는 위대한 전설의 시작이었다. 청년들의 놀이 문화를 존중하고자 했던 주민들의 아량과 관용이 없었더라면, 오늘날 라 토마티나의 전통 같은 건 진작에 자취를 감췄을지 모를 일이다.

정말이었다. 주민들은 거대한 프라이팬에 담긴 파에야를 들고 거리로 나와 한마음으로 우리를 환대했다. 환영하다 못해 심지어는 우리를 '곯려먹을 대상'으로 여기는 것도 같았다. 복층 주택의 높은 창문에서 우릴 향해 물을 쏘아대는 주민들이 길목마다 포진해 있던 것이었다. 가벼운 물총 놀이 같은 애들 장난 수준이 아니었다. 수도꼭지에 연결된 호스를 창문까지 끌고 나와서는 지나가는 사람들에게 그야말로 '물세례'를 퍼부어댔고, 거리로 직접 나와 양동이 한가득 담긴 물을 우리 머리 위로 쏴아아 끼얹어대는 이들까지 있었다. 참가자들은 꺅꺅 소리를 질러가며 난데없는 물벼락을 피해보겠다고 용을 써댔지만, 곳곳에 잠복해 있는 수많은 공격진들을 피할 길은 눈을 씻고 찾아봐도 없어 보였다. 부뇰 주민들은 방문객들에게 단순히 축제의 장소만을 제공하는 게 아니었다. 호스트와 게스트가 하나 되어 축제를 즐기는 현장. 우리는 정말로 이들이 호스팅 하는 이 거대한 규모의 파티에 초대된 거였다.

"재밌게 놀고 싶어서 우리 마을에 왔다고? 그렇다면 어디 한번 맛 좀 봐라!"

정작 토마토 축제는 아직 시작도 안 했는데, 벌써부터 온몸이 물에 젖은 새처럼 절어 있었다. 세상에 이런 아수라장이 있나, 하는 소리가 입에서 절로 나왔다. 하지만 돌이켜보면 사실 진짜 아수라장은 아직 시작도 안 한 거였다.

진짜는 열한 시가 되어서야 시작했다.

한껏 고조돼 있던 분위기가 어느 순간엔가 한결 더 달아오르기 시작했다. 멀리 골목 저 끝에서부터 참가자들의 함성이 들려왔다. 그리고 그 함성은 파도를 타듯 우리 쪽을 향해 번져왔다. 열기를 더하던 그 실체가 곧이어 내 시야에도 들어왔다. 토마토 트럭이었다.

"토마토다!"

나도 참가자들도 모두 반색했다. 드디어 토마토 축제에서 진짜

토마토를 보게 된 거였다. 좁은 골목길 위를 천천히 전진하는 트럭 위에서, 주최 측 요원들이 우리를 향해 토마토를 하나둘 던져댔다. 아얏! 아얏! 즐거운 비명 소리가 여기저기서 들려왔다. 물컹한 토마토가 내 몸에 찰싸닥 달라붙었다 떨어지는 느낌이 새로웠다. 쏟아지는 토마토를 기꺼이 온몸으로 맞으며 모두들 아이가 된 것처럼 즐거워했다.

하지만 이건 그야말로 전초전에 불과했다. 아직까지도 '진짜 진짜'는 시작하지 않은 거였다. '이쯤이면 해볼 만하겠는데?' 생각하던 바로 그 찰나, 골목으로 새로운 트럭 한 대가 더 들어왔다.

"해볼 만하다고? 어디 한 번 그런지 두고 보자!"

내 속마음을 읽어낸 트럭의 도발이었을까. 안전 요원들의 경비에 따라 좁은 골목의 가장자리에 딱 달라붙은 우리 앞으로 거대한 트럭이 멈춰 섰다. 그리고 트럭은 트렁크를 열더니 족히 몇 톤은 돼 보이는 토마토를 한꺼번에 토해내기 시작했다. 쏟아내는 수준이 아니었다. 정말로 '토해내는' 거였다. 오늘 하루 여섯 대의 트럭이 총 145톤의 토마토를 운반한다 했으니, 골목의 구석구석에 트럭이 한 번 멈춰 설 때마다 '톤' 단위의 토마토를 마구 뱉어낸 셈이었다.

사람들의 환성 소리가 끝을 모르고 커져갔다. 태고의 낙원에 살던 사람들의 표정이 저토록 해맑았을까. 이런 풍경은 일전에 상상해 본 적이 없다는 듯 모두가 경이에 찬 표정을 감추지 못했고, 쏟아지는 토마토 폭포 아래로 잠겨 들어갈 기세로 아예 트럭의 트렁크 앞에 드러누워버린 이들도 있었다. 이제 이곳은 토마토가 곳곳에 흩뿌려져 있는 정도의 가벼운 사건 현장이 아니었다. 골목 일대가 '토마토 강'을 이룬, 그것도 무릎까지 차올라 깊고 진한 강을 이룬 대혼란의 장이었다.

진짜 토마토 싸움이 시작됐다. 이때의 진짜는 진짜로 진짜였다.

발 밑에 토마토가 강처럼 쌓여 있으니 더 이상 거칠 것이 없었다. 너 나 할 것 없이 토마토를 한 움큼씩 퍼내어 상대를 공격하기 시작했다. '상대'는 누구라도 될 수 있었다. 곁에 서 있으면 곁에 서 있는 대로, 지나가고 있던 사람이라도 예외 없이 붙잡혀, 누구에게든 토마토 공격을 가하고 반격을 허용했다. 함께 놀던 에라스무스^{erasmus} 친구들은 물론이거니와, 인도인, 일본인, 그리고 한눈에 국적을 알아보기도 힘든 다양한 인종의 사람들과 내가 어느샌가 토마토로 겨루고 있었다. 던지고, 쥐어짜고, 비비고, 퍼부었다. 이따금은 내 손에 쥐어져 있던 토마토마저도 내 의지와 상관없이 내 머리 위에 끼얹히기도 했다. 머리, 눈, 코, 귀가 전부 토마토로 뒤덮였다. 이토록 무질서한 유희의 현장이라니!

한 시간쯤이 지난 뒤였을까. 축제의 종료를 알리는 포성이 울려 퍼졌다. 그 순간 2만여 명에 달하는 참가자들이 일시에 결투를 중단했다. 포성이 울리는 즉시 토마토 싸움을 멈추는 건 라 토마티나의 오랜 규칙이었다. 이외에도 몇 가지 규칙들이 더 전해 내려오고 있었다. 좁은 골목으로 트럭이 지나갈 땐 벽에 딱 달라붙어 몸을 보호하기, 상대가 다치지 않게끔 토마토를 충분히 쥐어짠 뒤에 던지기, 토마토 이외의 다른 물체는 던지지 않기, 타인의 옷을 잡아 뜯거나 찢지 않기, 안전 요원들의 지시에 따르기. 생애 최고조의 무질서를 경험하고 가노라고 생각했었지만, 사실은 이 수라장 속에도 질서를

보전하기 위한 참가자들의 숨은 노력이 존재하고 있었다.

토마토가 강을 이룬 골목 일대를 벗어나 넓은 거리로 나갔다. 마침내 밝은 햇살 아래에서 눈가를 닦고 서로의 몰골을 확인해보니 정말로 우리 꼴들이 말이 아니었다. 온몸에서 토마토 향이 진동했다. 옷을 쥐어짜면 토마토 즙이 한가득 흘러나와 착즙기는 저리 가라 할 수준이었다. 머리카락 사이사이에까지 토마토 껍질을 달고 있는 서로의 모습에 그저 실소만 터져 나왔다. 라 토마티나에 입고 간 옷은

그날부로 쓰레기가 될 거라 했던 여러 친구들의 조언이 그제야 실감이 됐다. '이건 정말 미친 짓이었어!'

우리는 토마토 반죽이 돼버린 겉옷을 홀러덩 벗어던졌다. 그리고 미리 받쳐 입고 온 수영복 차림으로 뭇 행렬을 따라 걸어가 보았다. 마을 곳곳에 늘어서 있는 긴 줄들과 마주했다. 주민들이 집에서부터 긴 호스를 끌고 나와 친히 참가자들의 토마토를 씻겨주는 줄이었다. 나도 한 줄의 끝에 슬며시 서보았다. 엄마, 아빠가 형제를 씻기는 동안 제 목욕 차례를 기다리던 어린아이의 순수한 마음으로 되돌아간 것만 같았다.

드디어 내 차례가 왔다. 호스를 들고 서있던 할아버지와 "Hola" 한마디로 짧은 첫인사를 나누고, 나는 호스의 끝 아래에 내 몸을 기꺼이 내놓았다.

쏴아아—

상쾌한 물소리가 귓가를 간지럽혔다. 온몸에 뒤범벅이 돼 있던 토마토 뭉텅이들이 물줄기와 함께 와르르 씻겨나갔다. 그건 아마도 내 생애 가장 달콤한 샤워였다.

물줄기 아래 서 있는 동안, 그날 새벽에 만났던 택시 기사 아저씨가 문득 떠올랐다.

부뇰행 셔틀버스가 출발하는 새벽 여섯 시 집합에 늦지 않게 도착하기 위해 나는 새벽 다섯 시 반부터 택시를 잡아 탄 터였다. 아직 새벽 어스름도 채 걷히지 않은 이른 시각이었다. 하지만 그 택시 안 만큼은 벌써부터 밝은 아침이 와 있는 것만 같았다. 흥겨운 음악을 큰 데시벨로 틀어놓고 열창하며 달리던 기사 아저씨의 밝은 에너지 덕분이었다.

"너도 올드팝 을 좋아하니? 지금 나오고 있는 이 곡은 내가 제일 좋아하는 곡이야. 오, 정말이지 전주를 듣는 것만으로도 절로 기분이 즐거워진다니까!"

Barry White의 〈Love Theme〉이었다. 전주의 찬란한 음률이 차 안 가득 울려 퍼졌고, 높아지는 음조를 따라 내 마음까지 덩달아 벅차올랐다. 곡이 절정부에 달할 즈음 아저씨는 더욱 신나게 도로 위를 달렸다. 아저씨에겐 야간 근무의 고단 같은 건 애초에 문제 될 게 아닌 것 같았다. 새벽녘의 어두움 속에서도 아저씨 표정에 서린 충만한 만족감이 눈에 띄었다. '카르페 디엠Carpe Diem'이라고 했던가. 아저씨만큼 그 순간을 강하게 잡고 있는 사람은 또 없을 것 같았다. 목적지에 너무 일찍 도착해 아쉬운 맘을 안고 택시에서 내리는 내게 아저씨는 말했다.

"너도 라 토마티나에 가는 길이지? 재밌게 놀다 와! 인생은 즐거운 거야!"

쏴아아—

맘 같아선 이 시원한 샤워를 십 분이고 이십 분이고 계속 즐기고 싶었지만 이내 할아버지가 내 어깨를 가볍게 툭툭 쳤다. 나의 '목욕재계'가 종료되었음을 알리는 신호였다. 눈꺼풀을 말끔히 씻어낸 그제야 할아버지의 얼굴을 또렷이 바라볼 수 있었다. 깊게 파인 주름살과 인자한 미소가 아름답던 백발의 할아버지였다.

"재밌게 놀았지? 그럼 된 거야. 자, 다음 사람!"

사실은 아직도 몸 구석구석에 끼어있는 토마토 뭉텅이들이 산더미였지만, 남은 목욕재계는 집에 가서 생각하기로 했다. 눈 앞에 선 할아버지의 미소 위로 문득 택시 기사 아저씨의 미소가 오버랩되었다. 그리고 오늘 축제 중에 마주쳤던 수많은 부뇰 주민들의 너그러운 미소가 겹쳐졌다. 오늘 이 축제에, 그리고 스페인에 오길 참 잘했다는 생각이 들었다. 아마도 오늘의 달고 진한 빨간빛으로 나는 오래도록 스페인을 기억하게 되겠지.

스페인의 빨간 맛

그녀는 어쩌다 축덕이 되었나

발렌시아에서 지내고 있다고 이야기하면 남자 지인들이 보내오는 반응은 대개가 둘 중 하나였다. "오! 발렌시아 CF!"(축구를 꽤나 좋아하는 친구들이다.) "거기가 어딘데?"(축구에도 스페인에도 관심이 없는 친구들이다.)

사실 발렌시아란 이름만 듣고 이게 '스페인에서 세 번째로 큰 지중해 연안의 자치 도시'라는 사실을 바로 캐치해내는 사람은 드물었다. 발렌시아에 대해 모르는 친구들이 대다수였고, 개중에 발렌시아를 알던 소수의 몇몇은 대개가 '발렌시아 CF'를 통해 이 도시를 알고 있는 거였다.

축구라면 4년에 한 번 월드컵이 열릴 때, 그것도 우리나라가 뛰는 경기들로만 겨우 챙겨보는 나였지만, 도시 이름 뒤에 'CF'가 붙었으니 이게 축구팀 이름쯤 되나 보다 하고 유추하는 건 어렵지 않았다. 다만 딱 거기까지가 전부였다. 나는 발렌시아 CF랄지 축구랄

인연은 그렇게

지 하는 것들에 일말의 관심이 없었다. 세계 최고의 축구 리그를 자랑하는 스페인에 살게 됐다 한들, 내가 사는 도시를 두고 뭇 지인들이 가장 먼저 떠올리는 게 발렌시아 CF라 한들, 축구는 지금까지 그래 왔듯 앞으로도 쭉 나와는 무관한 세계일 거라고만 여겼었다.

발렌시아 필수 관광 코스 중 하나인 메스타야Mestalla 경기장을 처음 찾은 것도 발렌시아에서 지낸 지 두 달이 다 지난 뒤에서였다. 그즈음 나의 발렌시아 베프였던 비리Viri가 축구 경기를 함께 보러 가자고 제안해주지 않았더라면 발렌시아에서 지내는 1년 내내 축구와는 담을 쌓고 살았을지도 모를 일이다. 5월의 어느 주말. 나는 비리를 따라 처음으로 메스타야를 찾았다. 나에게 축구 직관이란 해도 그만, 안 해도 그만인 계륵 같은 것이었다. 다만 친구를 위해 내가 한 번 '가주는 거'라고 생각하며 못 이기는 척 따라나섰던 그날의 그 자리가 나와 메스타야의 운명적인 첫 만남이었다.

사실 그날 경기는 재미있지 않았다. 나중에 알고 보니 그 경기는 그 해의 시즌을 마무리하는 마지막 경기였고 (나는 그런 사실도 까맣게 모르고 경기를 본 거였다. 아무 생각이 없었던 것 같다.) 그날의 상대팀은 다음 시즌 2부 리그로의 강등이 확정된 팀이기까지 했다. 최고조의 스릴을 기대하기란 자연히 무리였던 상황. 애당초 큰 기대를 품고 온 건 아니었지만 그래도 경기가 재미있었더라면 여기까지 온 보람이 조금은 더 있었을 텐데, 하며 약간의 아쉬움을 안고 경기장을

스페인의 빨간 맛

나서려던 차였다. 바로 그때 내 눈 앞에 처음 보는 낯선 장면이 펼쳐
졌다. 그리고 나는 그 광경으로부터 오래도록 눈을 떼지 못했다.

발렌시아 CF의 선수단이 경기장의 사면을 모두 돌며 관중들에게
인사를 고하는 장면이었다. 특히 응원단석 앞에 다다랐을 때에 선수
들은 애교 어린 몸짓과 율동까지 섞어가며 더욱 오랜 시간 정성 어
린 인사를 전했다. 안 그래도 다른 객석들보다 몇 갑절은 더 떠들썩

하던 응원단 쪽에서 한층 요란한 환호가 쏟아져 나왔다. 경기가 끝난 지는 이미 한참이 지난 뒤였지만, 선수들과 관중들 모두 그 순간을 떠나보내기 아쉬워하는 듯 경기장을 뜨지 못하고 오래도록 제자리를 지켰다.

한 시즌을 마무리하는 시점에 서서 시민들과 선수들이 서로에게 감사를 표현하는 시간이었다. 그리고 그 장면은 그날 경기의 어떤 명장면보다도 내게 강력한 인상을 남겼다. 발렌시아 시민들에게 발렌시아 CF란 어떤 의미일까. 또한 발렌시아 CF에게 발렌시아 시민

스페인의 빨간 맛

들은 어떤 의미일까. 지역 시민과 지역 연고 팀 간의 끈끈한 유대 관계를 눈으로 확인한 그 순간 내 가슴에 뜻 모를 뭉클함이 차올랐다. 그리고 묘한 예감이 들었다. 내가 메스타야에 오는 게 결코 오늘로서 마지막이 되진 않으리라는 낯설고 강한 예감.

그렇게 시즌이 막을 내렸다. 그리고 발렌시아의 여름이 지나갔다. 유월, 칠월, 그리고 팔월. 명성대로 어마어마했던 이 도시의 습기를 견뎌내며 그해 여름을 보냈고, 그 세 달여 동안 나는 라리가La Liga의 새 시즌이 시작하기를 간절히 기다렸다. 고작 축구 경기 한 번 보고 왔다고 해서 유난스러운 '축덕 코스프레'를 시작하게 된 건 아니었다. 다만 그즈음 해서 나로 하여금 메스타야행을 기대하게 만드는 또 다른 이유가 생겨있어서였다. 바로 이강인 선수였다.

어느 날 포털의 실시간 검색어 1위에 올라와있는 생경한 이름을 무심결에 클릭해봤던 게 발단이었다. 이강인이라는 낯선 세 글자를 클릭하고 보니, 익숙한 한 단어가 모니터를 삽시간에 채웠다. '발렌시아'. 발렌시아 CF의 B팀에서 뛰던 이강인 선수가 최근 팀과의 재계약을 확정 짓고 1군 프리 시즌 훈련에 합류했다는 내용의 기사들이었다.

발렌시아에서 몇 달을 지내면서도 한국인을 마주칠 일은 거의 전무하다시피 했었다. 하물며 '발렌시아'에서 활동하는 '한국인' 축구 선수라니 관심이 가지 않을 리 있었을까. 축구 팬들 사이에서야 이미 유명한 이름이었겠지만 당시만 해도 나에게 이강인은 그야말로 생소한 인물이었다. (이때가 2019년 U-20 월드컵이 열리기 1년 전이었으니까, 지금처럼 이강인 선수가 전국구적인 명성을 펼치던 때가 아니었다.) 시대를 풍미한 예능 프로그램이었던 〈날아라 슛돌이〉에서 2007년 처음 존재감을 드러냈던 선수로, 2011년에 발렌시아 유소년 팀에 입단한 것을 계기로 스페인 생활을 시작하게 됐고, 2017년 만 열여섯 살의 나이로 발렌시아 CF의 B팀에 콜업 되어 이미 프로 데뷔까지 마친 인재라고 했다. 지독한 축알못인 내가 보기에도 보통 영재의 이력이 아니란 것쯤은 알 것 같았다. 그리고 그런 그를 1군 경기에서 볼 가능성이 열리게 됐다니, 새 시즌이 어서 개막하기를 더욱 갈망하지 않을 수 없었다.

바야흐로 8월 12일. 그날은 레버쿠젠과 발렌시아 CF의 프리 시즌 평가전이 열리는 날이었다. 그리고 그날은 내가 무려 세 달 만에 메스타야 구장의 땅을 다시 밟은 날이기도 했다. 비리가 발렌시아를 떠나 멕시코로 돌아간 지도 오래된 일이라 함께 축구를 보러 갈 친구가 마땅히 없었다. 결국 그날 나는 혼자 몸으로 경기장을 찾았다. 내가 축구 경기를 보겠답시고 혈혈단신으로 경기장까지 출두하는 날이 오리라고는 내 평생 상상해본 일이 없었다.

그날 경기는 재미있었다. 세 달 전에 봤던 시즌 마지막 경기와는 비교도 할 수 없을 만큼이었다. 그동안 발렌시아 CF 선수단의 구성

인연은 그렇게

을 익혀왔던 덕에 필드 위의 인물들이 눈에 익은 게 한몫했다. 그리고 발렌시아 CF를 응원하는 마음이 한결 커진 덕에 '우리 팀'의 강세가 자못 짜릿하게 여겨진 덕도 있었다.

마침내 교체 출전을 위해 몸을 푸는 이강인 선수가 시야에 들어오기 시작했을 때에는 그 재미가 몇 배로 커졌다. 주변의 관중들도 덩달아 웅성이기 시작했다. '발렌시아 CF'호에 새롭게 승선한 어린 아시안 선수에 대해 저마다 한마디씩 호평을 늘어놓았고, 내 뒤에 앉아있던 어느 부자父子는 발렌시아가 이강인 선수를 얼마나 아끼는지에 대해 내게 한 보따리 일장연설을 늘어놓기도 했다. 왠지 모를 기대감이 차올랐다. 오늘 이 경기장에서 아주 가슴 벅찬 일이 생길 것만 같은 기분 좋은 예감이었다.

후반 33분, 이강인 선수가 교체 투입되었다. 그리고 그로부터 정확히 9분 후, 그는 오늘 경기의 세 번째 골을 터뜨렸다.

'Goleador[13] 34 KANG IN'이라는 글자가 전광판에 번쩍였다. 5만여 관중들이

---

13 골 득점자.

내지르는 뜨거운 함성이 메스타야를 가득 메웠다. 오늘의 승리에 쐐기를 박은 마지막 골을 자축하고, 지역 유소년 팀에서 성장한 소년의 놀라운 성과를 예찬하며, 관중들은 환호와 박수갈채를 아끼지 않았다.

덕분에 나의 흥분도 극으로 치솟았다. 전에 없던 뜨거운 애국심이 가슴속 깊이서 북받쳐 올랐다. "방금 골을 넣은 저 사람이 바로 우리나라 사람이에요!" 하고 외치며 동네방네 달리기라도 하고픈 심정이었다. 소심한 마음에 쩌렁쩌렁 고함을 내지르진 못했어도 이미 그런 내 심정이 내 온몸을 통해 표현됐던 걸까. 나의 감격을 알아챈 주변의 관중들은 나를 향해서까지도(?) 열렬한 박수를 보내주기 시작했다. 그건 내가 발렌시아에서 지내는 동안 순전히 한국인이라는 이유만으로 박수갈채를 받은 두 번째 일이었다. 첫 번째는 지난 유월 러시아 월드컵에서 우리나라가 독일을 상대로 승리한 날의 일이었다.

나는 그날 이후로도 여러 번 메스타야를 찾았다. 경기장에서 만나 사귄 발렌시아니스타valencianista14 친구들도 제법 많아졌고, 원정 경기를 관람하겠답시고 바르셀로나로 마드리드로 내가 원정을 떠나기도 여러 번이었다. 자정마다 방영하는 축구 토론회 쇼를 시청하며

---

14 발렌시아 CF의 선수와 코치, 그리고 팬을 아울러 이르는 말.

하루를 마무리하는 건 이제 내게 중요한 일과 중 하나였다.

그럼에도 엄밀히 말하자면 나는 '축덕'이 된 건 아니었다. 축구에 대한 내 지식은 축알못 시절과 크게 달라지지 않아 여전히 습자지 수준에 불과했다. 늘어난 거라곤 축구에 쏟는 나의 시간과 열정, 그리고 팀을 향한 애정뿐이었는데, 이것만으로도 팬 활동을 즐기기에는 부족함이 전혀 없다 여겼으니 나는 분명 축구 그 자체를 사랑하게 된 축덕은 아니었다.

다만 나는 축구를 관람하는 게 좋았다. 수많은 발렌시아인들과

스페인의 빨간 맛

한마음으로 우리 팀을 응원하는 게 좋았다. 선수들이 울고 웃을 때마다 수만여 관중들과 그 벅차오르는 감정을 한데 공유할 수 있는 게 좋았고, 내 지역에 대한 사랑을 무한정 자유롭게 발산할 수 있는 게 좋았다.

비리와 함께 메스타야에 처음 발을 디뎠던 5월의 그날. 어쩌면 나는 그때 그곳에서부터, 발렌시아 선수들과 팬들이 맺고 있는 뜨거운 연대를 동경하게 됐던 건지 모른다. 지역 팀을 향한 애정을 거리낌 없이 표출하는 시민들. 그리고 그에 화응하듯, 열정적인 경기력과 진정 어린 인사로 보답하는 선수들. 아마 나는 나 또한 그 연대의 일부가 되어, 발렌시아를 향한 나의 사랑을 원 없이 발산해 보이는 날들을 꿈꿔왔던 것 같다.

스스로 발렌시아 CF의 팬임을 자처하기 시작한 때부터 나는 정말로 발렌시아 안으로 더 깊숙이 환영받는 느낌을 받곤 했다. 팀의 공식 티셔츠를 입고 대중교통에 오르노라면 낯선 이들도 나를 향해 미소 지으며 "아문트Amunt15!"를 외쳐주었다. 하물며 경기장에서 만난 관중들과 친구가 되는 것쯤은 일도 아니었다. 이름과 나이를 묻지 않아도 우리는 우리가 '한 배'를 탄 사이임을 알았고, 그 조용하지만 강한 연대감이 내 맘을 든든하게 했다. 축구를 향한 나의 열정

---

15 발렌시아 지역 언어로 '위를 향하여!', '일어나라!' 등을 뜻하는, 발렌시아 CF의 대표적인 응원 구호.

의 기원. 그건 발렌시아를 향한 나의 사랑에 있었다.

2019년 1월 29일, 메스타야에서 '헤타페Getafe'와의 국왕컵 전이
열린 날이었다.

경기 시작 1분도 채 되지 않아 상대 팀에게 선제골을 내어준 탓
에 메스타야 전반에 깔린 긴장감은 수직으로 상승하고 있었다. 선수
들 간의 거친 몸싸움과 부상이 계속되었고, 필드, 관중석 할 것 없이
험한 고성이 끊이질 않았다. 그렇게 긴장된 90분이 흐르고 마침내
경기 종료를 코앞에 두고 있던 시점, 로드리고 모레노가 해트트릭을
성공해냈다. 팬들의 마음에 단비가 쏟아졌다. 결과는 우리 팀의 승

리였고, 더불어 발렌시아 CF의 국왕컵 4강 진출이 확정되었다. 내가 지금껏 목격한 메스타야 안의 그 어떤 광경에서보다도 관중의 흥분이 최고조에 달한 순간이었다.

사람들은 흥분을 주체하지 못했다. 자정을 넘긴 시각이었지만 곧바로 집으로 향하지 못했고, 약속이라도 한 듯 다 함께 경기장 주변을 서성댔다. 그때 메스타야의 2층 테라스에 선수들이 모습을 드러냈다. 한밤중에 경기장 주변을 가득 메운 시민들, 그리고 그들을 바라보던 선수들의 눈빛 속에 모두 뜨거운 애정이 어려 있었다. 노래를 부르고, 춤을 추고, 함성을 질러가며 승리의 환희를 함께 만끽했다. 이번 시즌에 팀이 겪어온 부진, 그리고 그로 인해 선수들과 팬들이 한데 느껴야 했을 상실감이 한꺼번에 보상되는 듯한 순간이었다.

"MESTALLA SE PREGUNTA QUIÉNES SOMOS! 메스타야, 사람들이 우리가 누구인지 궁금해한다!

NOSOTROS LES DECIMOS QUIÉNES SOMOS! 우리는 그들에게 우리가 누구인지 말해줄 것이다!"

목청껏 구호를 외치는 발렌시아니스타들의 열광에 끝이 날 기미가 보이지 않았다. 그리고 군중과 하나 되어 열기를 발산하던 내 가슴에서, 메스타야에 처음 왔던 5월의 그날처럼 진한 뭉클함이 일었다. 발렌시아, 너를 알게 된 것이 얼마나 다행이던가. 너를 만나고 너를 사랑하게 된 것이 내 삶의 얼마나 큰 축복이던가. 지금까지 그러해왔듯 앞으로도 영원히, Amunt Valencia!

내 마음이 그런 바람을 흉내 낸다면

사라고사Zaragoza로 향하는 블라블라카blablacar 안은 유독 부산스러
웠다.

물론 스페인 사람들 수다스러운 거야 원체 잘 알고 있었다. 하지
만 그렇다고 해도 그날의 체감 데시벨은 다른 날들보다 한참 높은
것 같았다. 투박한 말투, 쉴 틈 없는 수다, 귀를 찌르는 듯한 목청. 익
히 들어온 '마뇨Maño16'들의 특징을 내 눈으로 확인하고 보니 내가
지금 사라고사로 향하는 차 안에 있다는 사실이 새삼 실감되었다.

차는 발렌시아를 떠난 지 세 시간 여만에 사라고사 시내에 도착
했다. 그리고 그곳엔 그녀가 있었다. 마리아María. 발렌시아 숙소에
서 두 달을 함께 살았던 하우스메이트이자 나를 사라고사로 초대한

---

16 스페인의 북동부 자치 지역인 아라곤Aragon 지방의 사람들을 일컫는 구어적 표현.
사라고사는 아라곤 지방의 주요 도시 중 하나이다.

스페인의 빨간 맛

장본인이었다.

그녀가 두 팔 벌려 나를 환영했다. 내륙 지역의 초가을 한기 속에서라 더 그랬는지 오래간만에 안겨보는 그 품 안이 무척 따뜻했다. 그러고 보면 마리아도 여느 마뇨들 못지않게 목소리가 꽤나 크고 호탕한 편이었다. 다소 거칠게 여겨질 수 있는 스패니시들의 말씨에 일말의 악의가 없음을 받아들이게 된 데에는, 그녀와의 대화를 통한 오랜 훈련도 한몫하지 않았을까.

우리 사이가 가까워진 계기를 돌아볼 때면 늘 떠오르는 에피소드가 있다.

때는 6월의 어느 무더운 일요일. 그날은 우리 숙소에 사는 여자들이 다 함께 인근 도시 알테아Altea에 놀러 가기로 한 날이었다. 차로 한 시간 반은 걸리는 거리니 아침 일찍 출발하자고 미리 약속을 해둔 터였다. 늦지 않으려고 부지런히 채비하는 여자들의 기척으로 이른 시간부터 집안이 분주했다.

그런데 그게 잠자는 마리아의 코털을 건드리는 계기가 될 거라고 누가 상상이나 했을까.

"너희들이 이른 아침부터 시끄럽게 하는 바람에 나 두 시간밖에 못 잤어. 알테아는 너희들끼리나 다녀와!"

쿵! 그렇게 시끄러운 문소리야말로 이 집 안에서 일전에 들어본 일이 없었다. 마리아는 우리에게서 마음을 닫듯 제 방문을 쿵 닫고

스페인의 빨간 맛

방 안으로 들어가 버렸다. 누구도 예상하지 못했던 싸늘한 하루의 시작이었다.

결국 우리는 마리아 없이 소풍을 다녀왔다. 그리고 그날 밤 마리아에게서 장문의 편지를 받았다. 그녀의 불면증이 시작된 건, 뜻밖의 불행한 일들을 연달아 겪은 최근 몇 년 사이의 일이라고 했다. 정신과도 정기적으로 다니고 있지만 큰 호전은 없었고, 때때로 불면과 예민의 정도가 극에 달할 때면 자신의 의지와 상관없는 말과 행동을 하고 마는 자기 모습이 스스로도 절망스럽다던 그녀의 고백.

그날 아침 마리아의 우발적인 행동 탓에 우리 모두 유쾌하지 않은 감정을 느껴야 했던 건 사실이었다. 하지만 진심 어린 고백을 한 자 한 자 꾹꾹 눌러썼을 마리아의 모습, 그리고 우리 없이 홀로 고독했을 그녀의 오늘 하루를 상상하니 문득 마음이 아려왔다. 측은지심이라기보단 동병상련이었다. 우리 모두 온전히 치유하지 못한 마음의 상처를 하나쯤은 갖고 있지 않던가. 그 상처와의 외로운 전쟁에 끝이 보이지 않아 삶이 버겁게 느껴질 때가 있지 않던가.

그날 밤, 우리는 아무 일 없었다는 듯 각자의 방으로 돌아가 잠을 청했다. 하지만 내 맘 속에선 (그리고 어쩌면 우리 모두의 마음속에선) 이 밤도 불면과 사투하고 있을 마리아를 따뜻이 껴안아주고픈 바람이 졸음 대신 피어오르고 있었다. 마리아와 내가 생각보다 가까운 사이가 될지도 모른다고 예감한 건 바로 그 밤부터였던 것 같다. 우리 모두가 뜬 눈으로 그녀의 숙면을 소망했던 그날의 깊고 고요한 밤.

나와 마리아의 관계는 바로 그 주말을 기점으로 해서 급속도로 가까워졌다.

소심한 나와 달리 마리아는 대범한 면이 있어서, (아직은 다소 어색한 사이였던) 우리 둘만의 시간을 그녀가 앞장서서 주선하기를 여러 번이었다. 마리아보다 발렌시아에 오래 살았던 내가 그녀에게 도시 구경을 시켜주기도 했고, 마리아의 차를 이끌고 말바로사Malvar-rosa 해변으로 나가 온종일 일광욕을 함께 즐기기도 했다. 발렌시아의 이름난 맛집들을 함께 찾아 돌아다녔고, 펍, 쇼핑 거리, 재즈 공연장, 살사 클럽도 늘 같이 다녔다. 돌이켜보면 발렌시아에서 보낸 시간 가운데 가장 찬란했던 시기는, 내가 마리아와 함께 살았던 바로 그 6월, 7월의 시간들이었다.

함께 보내는 시간이 늘어갈수록 우리는 우리가 서로에게 꽤나 잘 어울리는 친구라는 사실을 깨달았다. 일단, 마리아와 나는 직업이 같았다. (이건 삶 전반에 대한 이해도까지 높이는 무시할 수 없는 요소였다!) 둘 다 성격이 쾌활하고 수다스러운 편이었고, 정적인 활동과 동적인 활동 모두를 적절히 좋아했다. 미식과 쇼핑을 즐기는 정도나 지출의 마지노선(?)도 비슷했고, 라틴 음악과 살사를 즐긴다는 음악적 기호도 같았다. 그녀의 강한 첫인상이 내게 줬던 예감과는 다르게 우리는 꽤나 케미가 통하는 사이였다.

피차 발렌시아에 온 지 얼마 되지 않아 현지에 친구들이 적었다는 점도 우리 사이를 끈끈하게 만든 요인이었겠지만, 마리아가 나와

많은 시간을 보내는 건 단지 그 이유에서만은 아닌 것 같았다. 우리 둘 다 좋아하는 쿠바 살사 밴드 '아바나 데 프리메라 Havana D'Primera' 가 바르셀로나로 순회공연을 온 날도, 마리아는 그날 예정돼 있었던 선약 대신 나와의 바르셀로나행을 선택했다.

"선약이 있었던 친구와는 앞으로도 얼마든지 볼 수 있지만, 너와
함께 공연을 보러 갈 수 있는 기회는 이번이 마지막일 수도 있는 거
잖아."

그즈음 해서 마리아에게는 발렌시아 썸남까지 있었지만, 이따금
나는 그녀가 그보다도 나를 훨씬 더 좋아하는 것 같다고 느끼기도

스페인의 빨간 맛

했다.

"진Jin. 나는 그 남자랑 보내는 시간보다 너랑 보내는 시간이 훨씬 더 재미있어! 오, 발렌시아는 나에게 기쁨을 주는 곳이야!"

물론 그 남자와 마리아는 결국 이루어지지 않았다.

딱 하루, 마리아가 나와 함께하기보단 혼자 있고 싶어 했던 날이 있었다. 그녀가 발렌시아를 떠나기 하루 전날이었다.

비치 타월을 챙겨 해변으로 나서는 마리아를 나는 여느 때처럼 따라나서려 했다. 하지만 그날은 평소와 달리 마리아가 나를 단호히 제지했다.

"진Jin, 정말 미안해. 하지만 오늘만큼은 혼자 다녀오고 싶어."

결국 마리아 홀로 해변을 찾았고 나는 집에 남았다. 그리고 저녁 느지막에서야 그녀가 집으로 돌아왔다. 늦은 밤 우리는 여느 날처럼 각자의 저녁 식사를 준비해 테이블 앞에 모여 앉았다.

"이제 발렌시아를 떠나야 한다고 생각하니 몹시 감상적이어졌던 거야. 우리가 다니던 바로 그 해변에 홀로 누워 내가 이 도시에서 보낸 두 달을 마음속으로 조용히 정리해보고 싶었어. 진Jin, 너는 알까, 내가 발렌시아에서 얼마나 큰 힐링을 경험했는지."

그녀는 그녀가 싸워온 병이 비단 불면증만은 아니라고 고백했다. 의존증, 강박증 같은 증상들이 오랜 시간 그녀를 괴롭혔고, 그건 매일의 삶 속에서 그녀를 짓누르는 거대한 벽돌과 같았다고 말했다.

하지만 발렌시아에서 우리와 함께 보낸 지난 두 달의 시간이 시나브로 그 모든 아픔들을 치유해갔다고 했다. 사라고사로부터 고작 세 시간 거리에 있는 이 평범하고 조용한 도시에서, 살며 이해하며 사랑하며 우리가 함께 보낸 그 소박한 시간들이.

더 이상 무슨 말이 필요했을까. 그녀의 숙면을 기원하며 잠들었던 6월의 그날과 달리, 이날은 정말로 그녀를 가슴 가득 꽉 껴안아보았다. 그리고 그 순간, 우주의 신비가 내 앞에 데려다놓은 이 작고 강인한 여인을 향한 진한 애정이 가슴속에서 피어올랐다. 마리아, 너라는 사람을 알고 사랑하게 된 것이 나에게 또한 값진 힐링이었음을 너는 알까.

마리아가 떠나간 발렌시아는 이전과 같지 않았다. 더 이상 그녀가 없는 집안이 공허했다. 텅 빈 도시의 스산함을 이겨내는 데에도 처음 며칠간은 애를 먹었다. 마리아가 자주 하던 말마따나 우리는 정말로 그해 발렌시아에서 "우리 인생 최고의 여름"을 보냈던 걸까.

그리고 한 달 반 뒤 나는 사라고사에 왔다. 주말을 이곳에서 보내고 발렌시아로 돌아갔으니까 사실상 우리가 함께 보낸 시간은 길지 않았지만, 그 시간은 강렬했다.

먹고 돌아다니고 웃고 떠들었다. 오늘을 위해 고이 간직해왔던 이야기들을 목청껏 터뜨렸다. 행복했던 이야기, 슬펐던 이야기, 설레는 이야기, 두려운 이야기. 한정 없이 이어간 우리 대화에 가슴이

뻥 뚫리는 듯한 해방감을 느꼈다. 공감과 응원의 말들을 원 없이 주고받으니 가슴속 깊이서 자신감과 의지가 물씬 차오르는 것 같았다. 지난여름 우리 맘을 어루만지고 치유했던 것도 바로 이런 소박하고 진실된 우리의 대화이지 않았을까.

일요일의 끝무렵. 발렌시아로 돌아가는 블라블라카의 합승 지점까지 마리아가 나와 동행했다. 그곳에서 우리는 우리에게 허락된 마지막 몇 분을 아쉬운 듯 꼭 붙들었다. 발렌시아에서 작별했던 당시에야 머지않은 만남을 기약할 수 있었지만, 이번의 헤어짐은 정말로 마지막이 될 수도 있는 헤어짐이었다. 이렇게 헤어지고 내가 곧 한국으로 돌아가고 나면, 언제 우리가 다시 만나게 될는지는 아무도 알 수 없는 일이었다.

"Jin, no te olivdes de que eres poderosa y valiosa. 진, 잊지 마. 너는 강하고 소중한 존재라는 사실을."

마리아는 'poderosa강하다' 그리고 'valiosa소중하다'라는 단어에 특히나 힘을 주어 말했다. 나에게 전하는 메시지인 양, 스스로에게 외는 주문인 양, 그녀가 이번 2박 3일 내내 입버릇처럼 달고 다녔던 단어들이었다. 나 또한 덕분에 어제오늘 계속 입가에 맴돌던 그 단어들을 힘주어 입 밖으로 내뱉어보았다. 그래. 너도, 나도, 강하고, 소중한 존재들이라는 걸, 끝까지, 잊지 말자.

블라블라카가 도착했다. 정말로 작별을 고해야 하는 순간이었다. 언젠가 다시 만날 그 날을 소망하며, 우리는 마지막으로 깊고 진한 포옹을 나눴다. 담담한 척하려 애를 썼지만 마리아가 흘린 눈물이 내 어깨 밑에 닿으니 나도 내 감정을 숨기기가 쉽지 않았다.

방문객¹⁷

정현종

사람이 온다는 건
실은 어마어마한 일이다.
그는
그의 과거와
현재와
그리고
그의 미래가 함께 오기 때문이다.
한 사람의 일생이 오기 때문이다.
부서지기 쉬운
그래서 부서지기도 했을
마음이 오는 것이다 – 그 갈피를
아마 바람은 더듬어볼 수 있을
마음,
내 마음이 그런 바람을 흉내 낸다면
필경 환대가 될 것이다.

---

17 정현종, 《광휘의 속삭임》(문학과지성사, 2008)

4장

도시와 나

나의 작은 숲

마침내 발렌시아 생활을 모두 정리하고 한국으로 돌아오는 비행기 안이었다. 한국 미디어와는 꽤 오래 멀리 지냈던 탓인지 그날은 유독 오래간만에 마주한 한국 영화의 제목이 눈에 들어왔다. 〈리틀 포레스트〉. 많은 기내 상영작들 중에서 나는 망설임 없이 그 영화를 골랐다. 지금 돌이켜보면 그때 그 영화를 보게 된 건 발렌시아가 내게 건넨 마지막 작별 인사였을지도 모른단 생각이 든다.

'혜원'은 각박한 도시 생활을 잠시 접고 고향으로 돌아온 젊은 여인이었다. 자연의 박자에 발을 맞추는 농촌의 느린 삶 속에서 그녀는 비로소 깊은 만족감을 찾아가기 시작했다. 직접 가꾸어낸 수확물에 어린 보람과 기쁨. 갓 끓여낸 국 한 사발이 주는 따뜻하고 진한 위로. 자연을 닮은 이웃들과 나누는 공감 그리고 평화. 영화의 스토리에 역동적인 오르내림은 없었다. 다만 100여 분의 러닝타임 동안

스페인의 빨간 맛

영화는 혜원의 마음의 물결을 잔잔히 좇아갔다. 그 물결을 따라 내 마음까지 고요히 흐르는 기분이었다.

지친 혜원을 보듬던 그녀의 '작은 숲'은 경상북도 군위군의 어느 작은 마을이라 했다. 가장 자연적인 삶의 재료, 가장 원초적인 안정감을 선사하던 그녀의 작지만 울창한 숲. 그 숲을 바라보며 나는 문득 나의 작은 숲을 함께 떠올렸다. 발렌시아.

순간 코끝이 시큰해왔다. 끝내 마주하고 싶지 않았던 이별의 현실이 그제야 실감되는 것 같았다. 안녕, 발렌시아. 너는 내 마음을 포근히 데워주던 나의 작고 아늑한 숲이었지.

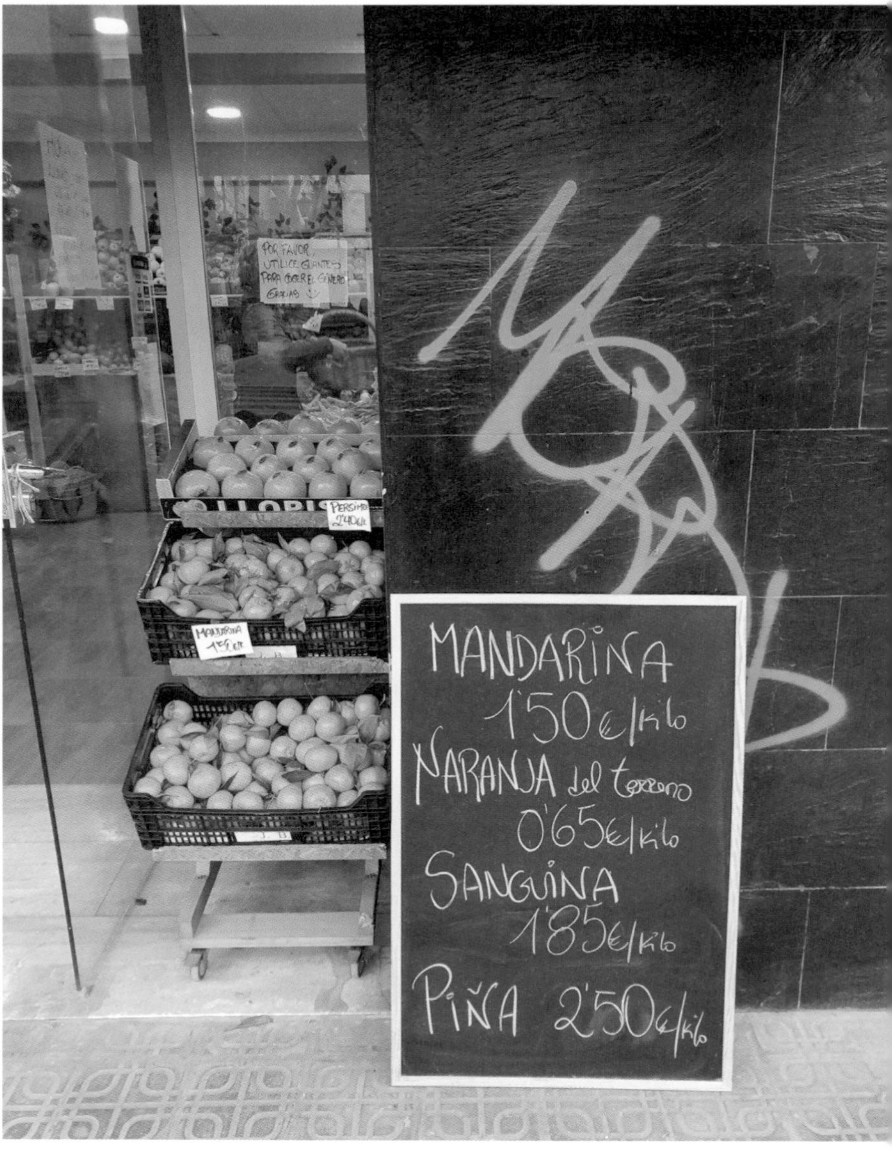

POR FAVOR,
UTILICE GUANTES
PARA COGER EL GÉNERO
GRACIAS
MANDARINA
1'50 €/kilo
NARANJA del terreno
0'65 €/kilo
SANGUINA
1'85 €/kilo
PIÑA 2'50 €/kilo

발렌시아에서 음식을 해 먹기 시작한 건 단순히 생활비를 줄여보자는 이유에서였다.

독립생활을 처음 해보는 건 분명 아니었다. 스페인에 오기 전에도 나는 무려 10년간 자취 생활을 했었으니까. 다만 나는 실제로 '자취'하는 사람이 아니었을 뿐이었다. (자취自炊의 사전적 정의는 '손수 밥을 지어먹으면서 생활함'이다.)

그렇게 오래 혼자 살고서도 왜 요리를 안 해왔던 거냐고 물어온다면 내게도 이유는 있다. 난 요리에 소질이 없었다. 그리고 흥미도 없었다. 아기자기한 '자취'의 로망을 시도도 안 해본 건 물론 아니었다. 하지만 어째 내가 하는 요리들은 죄다 맛도 퀄리티도 영 별로였다. 이런 걸 요리랍시고 해 먹느니 밖에서 사 먹는 게 백번 낫겠다하고 체념하기에 이른 게 언제부터였는지는 기억도 안 난다. 다만 제대로 교제해본 적조차 없는 요리에게 나는 일방적으로 결별을 선언했고, 이후로 학생 식당, 직원 식당, 편의점 도시락, 그리고 최근에는 '배달의 민족'이 자연히 나의 주된 영양 공급 경로가 되었단 사실만을 기억한다.

하지만 내 멋대로 작별을 고했던 요리에게 나는 다시금 질척대는 입장이 되지 않을 수 없었다. 발렌시아에 정착한 이후부터였다. 이곳에선 벌이가 없고 고정 지출만 있었다. 대개가 숙박비 그리고 학원비였다. 조정의 여지가 있는 지출이라고는 식비뿐이었다. 식비를 줄여야 했다. 게다가 이곳은 식자재가 저렴한 나라 스페인 아니던

가. 과일류, 채소류, 육류, 해물류, 심지어 주류까지 저렴했고, 다만 이 모든 것들을 요리된 형태로 식당에서 사 먹는다면 그 외식비는 제법 높은 편이었다. 내가 발렌시아에서 비로소 진짜 '자취'하기를 결심한 건 꽤 자연스러운 귀결이었다.

다만 요리라고 해봤자 정말로 별게 없었다는 게 함정이라면 함정 이었다.

제일 자주 해 먹은 건 과일 요거트였다. (그렇다. '요리'가 아니다.) 바나나, 딸기, 블루베리, 납작 복숭아, 자두, 청포도, 적포도까지. 그 렇게 먹는 게 질리지도 않냐는 질문을 여러 번 들었지만, 나는 제철 과일 몇 가지에 달달한 꿀을 곁들여 먹는 요거트 한 그릇이 세상에 서 제일 맛있었다. 고로 아침 메뉴는 이 조합에서 좀처럼 변하는 법 이 없었다.

하몽도 많이 먹었다. 고급 레스토랑에서 사 먹는 최고급 이베리 코 하몽에 비할 바 있겠냐만, 집 앞 마트에서 킬로당 7~8유로대에 사 먹는 저렴한 세라노 하몽도 스페인에서 먹으면 진짜 진짜 맛있었 다. 갓 구워낸 호밀빵 위에 토마테 라야도tomate rallado18, 염소 치즈 와 함께 얹어 샌드위치를 해먹기도 했고, 큼지막한 한 통에 3~4유 로밖에 안 하는 멜론과 곁들여 먹기도 했다.

---

18 강판에 간 토마토.

환상적인 가격에 열광했던 또 다른 식품은 치즈였다. 한국 마트
에서는 비싼 치즈를 들었다 놨다 반복만 하다가 결국 포기하고 돌

도시와 나

아오기를 여러 번이었지만, 스페인에선 냉장고 한 칸 가득 채워놓은
모차렐라 치즈, 브리 치즈, 카망베르 치즈, 염소 치즈를 보며 부자가
된 기분을 만끽해도 됐다. 출출한 야밤에 종종 해 먹었던 카프레제
샐러드도 맛있었고, 그마저 귀찮을 땐 그냥 와인 한 잔에 곁들이는
생치즈만으로도 꿀맛이었다.

(열거하면 열거할수록 요리라고 부를 만한 게 없어 보이지만) 그나마 요리라 하기 덜 민망한 것들로는 파스타와 고기구이 같은 것들이 있었다. 최고급 엑스트라 버진 오일을 사치할 수 있는 나라에 와 있었으니 파스타는 늘 오일 파스타로 해 먹었다. 육류나 해물류를 구워 내 아티초크, 아스파라거스, 아보카도 등 한국에선 좀체 사 먹지 않던 재료들과 곁들여 먹기도 했다. 덥고 습한 정도가 상상을 웃도는 한여름에는 불 앞에 서있기가 고역스럽단 이유로 이마저도 잘 못 해 먹었지만, 요리랄 게 전무했던 그 전의 삶과 비교한다면 이는 분명 장족의 발전이었다.

이마저도 해먹을 시간이 없을 땐 그냥 구운 빵을 올리브 오일에 찍어먹고 집을 나서곤 했다. 크로와상에 코르타도 한 잔을 곁들인 아침 식사를 사 먹기도 했고, 친구들과 학원 앞 카페테리아에서 토르티야 데 파타타 tortilla de patata[19]도 자주 사 먹었다. 물론 이따금씩은 분위기 있는 레스토랑에서 정찬을 즐기는 날도 있었다.

하지만 가공식품은 사 먹어본 일이 없었다. 일체의 인스턴트식품이나 값싼 패스트푸드와도 멀리 지냈다. 건강한 식생활을 영위하겠다는 굳은 다짐 같은 게 있었던 건 아니었다. 다만 발렌시아에 온 뒤로는 웬일인지 그런 음식들이 조금도 내 구미를 당기지 않았다. 값

---

19 계란, 감자, 올리브 오일 등으로 요리한 스페인식 오믈렛.

215
도시와 나

싸고 간편하단 이유로 줄기차게 소비해댔던 레토르트 식품들이, 왜 유독 이 도시에 온 뒤에야 내 몸 안에 들이고 싶지 않은 '정크 푸드'로 여겨지게 된 걸까.

음식에 대해 나는 두 가지의 모순된 강박을 갖고 있었다. 먹어야 한다는 강박, 그리고 먹지 않아야 한다는 강박. 생활 속에 도사리는 온갖 스트레스는 나를 곧잘 먹어야 한다는 강박으로 이끌었다. 빠르고 간편하며 만족도가 보장된 보상 수단. 그건 바로 음식이기 때문이었다. 하지만 동시에 나는 먹지 않아야 한다는 강박으로부터도 자유롭지 못했다. 칼로리 섭취에 뒤따르는 숙명적 자책으로부터 완벽히 자유로울 수 있는 현대인이 얼마나 될까.

하지만 발렌시아에서는 달랐다.

이곳에서 나는 이기적인 생활을 했다. 내가 만나고 싶은 사람들만 만났고 내가 하고 싶은 활동에만 집중했다. 내가 놀고 싶을 때 놀았고 내가 쉬고 싶을 때 쉬었다. 공부가 됐든 여행이 됐든 오로지 나의 필요에 의해서만 결정하고 움직였다. 말하자면 발렌시아는 나에게 있어 '노 스트레스 존No stress zone'과 같았다. 달리지 않으면 살아남을 수 없는 삶을 오랜 시간 버텨왔던 나 자신에게 나는 완전한 휴식의 시간을 선물한 것이었다.

좀처럼 해소할 긴장이랄 게 없는 루즈한 생활을 지속하다 보니 보상을 위한 쾌락도 필요하지 않았다. 나는 더 이상 기계적으로 음식

을 찾지 않아도 됐다. 촘촘한 관계망에서 벗어나 한 명의 이방인으로서만 존재했으니 더 이상 타인이 바라보는 내 모습에 신경 쓸 필요도 없었다. 먹는 행위는 더 이상 나에게 책망의 이유일 수 없었다.

　덕분에 이곳에서 나는 오로지 나의 만족을 우선에 둔 식생활을 경험할 수 있었다. 신기한 건 그로써 비로소 내 안의 가짜 욕망과 진

짜 욕망을 분명히 구분하게 됐다는 사실이었다. 피상과 허울에 대한 집념, 그리고 그에 반동적으로 일던 맹목적인 식탐은 나의 진짜 욕망이 아니었다. 나 자신을 진정으로 위하는 마음을 담아 정성스레 준비한 한 끼의 식사. 그리고 그 꾸밈없고 소박한 식단이 나의 몸과 마음에 전하는 궁극의 평화. 진실된 만족이란 이렇듯 환경이나 타인이 아니라 바로 나 자신을 돌아보고 아끼는 건강한 실천에서 비롯되는 것임을 나는 발렌시아에 온 뒤에야 깨달았다. 내가 한 요리들은 여전히 졸작의 수준에 불과했지만, 이 식생활의 변화가 내게 선물한 깨달음과 평화는 내게 그 어떤 정찬보다 값지고 경이로웠다.

내 마음을 면밀히 들여다보는 시간. 그 속의 참된 바람을 발견하고 실천하는 시간. 그로써 비로소 내 삶을 껴안는 시간. 이 모든 시간이 발렌시아에서 경험한 자취의 과정 안에 있었다. 발렌시아. 그곳은 지친 내 마음을 위로하던 나의 작은 숲이었다.

물론 영화 속 혜원의 삶과 비교하자면 내 식생활은 자연적이라고도, 자급자족적이라고도 말하기 힘든 수준이었다. 그럼에도 난 여전히 그녀의 리틀 포레스트를 바라보며 나의 발렌시아를 떠올렸다. 거듭된 좌절의 경험 끝에 들어선 새로운 삶의 길, 그리고 그 길 위에서 마침내 마주한 마음의 평화. 혜원의 그 특별한 여정이 내겐 낯설지 않았다.

뮌헨 중앙역

시월의 밤, 뮌헨의 중앙역에서 나는 그를 우연히 만났다.

먼저 말을 건 건 나였다. 그에게 공항행 열차를 타는 방법을 묻기 위해서였다. 그가 알려준 대로 탑승권을 찍고 탑승구를 찾아갔다. 그리고 그곳에서 그를 다시 마주쳤다.

한밤중에 보스턴백 가득 담긴 짐을 어깨에 짊어지고 공항행 열차를 찾는 내 모습이 기이해 보였던 걸까. 그는 내가 어쩌다 이 시간에 이 낯선 도시의 한가운데 서 있게 된 거냐고 물어왔다. 나는 대답했다. 옥토버페스트를 보러 뮌헨에 왔고, 이제 다시 스페인으로 돌아가야 해서 이 밤중에 공항에 가는 길인데, 나는 한국에서 일을 하다가 관두고 2년째 안식년을 갖고 있으며, 지금 살고 있는 곳은 스페인 발렌시아라고.

흥미롭다는 듯 내 이야기를 경청하던 그가 덧붙여 말했다.

스페인의 빨간 맛

도시와 나

"휴식이란 무엇일까? 나는 그것을 핸드폰의 충전에 비유하곤 해. 우리가 핸드폰을 충전시키면 그 충전 수치는 종국에 백 퍼센트에 도달해. 하지만 거기서 아무리 더 오래 핸드폰을 충전기에 꽂아놓고 있는다 한들 핸드폰은 백 퍼센트 이상으로 충전되지는 못하지. 즉, 충전에도 한계가 있다는 말이야.

휴식도 같다고 봐. 휴식에도 곧 정점이 있어서, 무작정 일을 오래 쉰다고 해서 무한정 많은 에너지를 충전해둘 수 있는 건 아닐 거야. 적당히 쉬었으면 다시 일터로 돌아가서 활력을 쓰는 게 에너지의 선순환을 위해 옳은 선택 아닐까?"

"맞아, 네 말에도 일리가 있어. 하지만 인간의 휴식을 핸드폰의

스페인의 빨간 맛

충전과 직결시키는 건 무리라고 생각해.

나는 일터로 돌아가서 소진할 에너지를 미리 축적해놓겠다는 의미로 에너지를 충전하고 있는 게 아니야. 백 퍼센트라는 수치에 도달하는 걸 목표하고 있는 건 더더욱 아니고.

내가 이 긴 휴식에 기대하는 건, 나 자신과 주변에 대한 깊은 통찰, 소소한 깨달음과 실천, 그리고 이 모든 것이 불러올 내 삶의 건강한 변화 같은 것들이야. 그리고 이 모든 것에 정점은 존재하지 않는다고 생각해.

적절한 시점이 되면 난 다시 일터로 돌아갈 거야. 하지만 내가 지난 2년간 쌓은 나의 내공은 어떤 상황에서도 결코 0%로 방전되는 일은 없을 거야. 나는 소진돼버릴 에너지를 충전하고 있는 게 아니거든."

열차가 들어오는 소리가 들렸다. 그리고 곧이어 공항행 열차가 정차했다.

나는 보스턴백을 다시 어깨에 둘러멨다. 그리고 그에게 악수를 청했다. 짧지만 유익한 대화였다고, 각자의 자리에서 건승하자고, 그렇게 담백한 작별 인사를 나누며 그와 헤어졌다.

시월의 밤, 뮌헨의 중앙역에서 나눴던 그와의 짧은 대화는 이후로도 이따금 내 머릿속을 맴돌았다.

발렌시아에선 길을 잃어도 괜찮아

그날 공항에서 만난 택시 기사 아저씨의 스페인어는 어딘지 어눌한 구석이 있었다. 국적을 가늠하기도 쉽지 않은 외모였다. 뭐 아무래도 좋으니 아저씨는 그저 나를 목적지까지 안전하게 데려다만 주세요, 생각하며 눈을 감고 쪽잠을 청했다. 긴 비행의 끝에 어마어마한 피로가 몰려오고 있었다.

"¿China 중국? ¿Japón 일본? ¿Filipinas 필리핀? ¿Vietnam 베트남?"

아저씨 입에서 "¿Corea 한국?"가 나오기까지는 꽤 여러 고개를 넘어야 했다. 일찌감치 쪽잠을 택한 나와 달리 아저씨는 나에 대한 호기심을 쉽게 접지 않았다. 눈을 떠보니 어느새 목적지에 안전하게 도착해 있는 판타지 같은 건 이 택시에서도 실현되지 않을 이야기였다. 스페인어를 곧잘 하는 이 작은 동양 여자에 대해 호기심이 발동하는 건 스페인 택시 기사님들의 공통된 반응이었다. 기사님의 질문에 하나둘 대답해주느라 단잠 같은 건 꿈도 못 꾸고 목적지까지 뜬

눈으로 이동하는 일이 스페인에선 다반사였다.

"아저씨는 왜 파키스탄을 떠나 왔나요?"

등가 교환이랄 것까지야 없었지만 아무튼 나도 아저씨의 국적을 알아내긴 했다. 아저씨는 파키스탄 사람이었다. 과일 가게를 운영하는 파키스탄인들이야 수도 없이 봐왔지만, 파키스탄인 택시 기사님

을 만나는 건 처음이었다. (스페인에는 인도계, 파키스탄계 이주민들에 의해 운영되는 과일 가게가 무수히 많고, 실제로 일상에서 이러한 과일 소매상을 가리켜 '엘 파키el Paki'라고 칭하는 일도 왕왕 있다.)

나는 아저씨가 어쩌다 이 먼 나라까지 오게 됐는지 궁금해졌다. 이민을 결코 남의 이야기라고만 여기지 않아서인지 나는 뭇 이민자들의 사연에 늘 호기심이 당겼다.

"그건 부패 때문이었어. 파키스탄인들은 돈으로 공직을 사고팔았고, 나는 그 부패가 끔찍이 싫었지. 결국 파키스탄을 떠나기로 결심했고 2005년에 스페인으로 왔던 거야."

아저씨가 사용하는 어휘들은 매우 제한적이었다. 조금 더 솔직히 말하자면, 스페인에서 14년을 산 것 치고는 결코 훌륭하다고 말할 수 없기까지 한 수준이었다. 하지만 청자로 하여금 역동적으로 해석에 참여할 수밖에 없게 만드는(?) 바로 그 불완전한 스페인어 때문이었을까. 나는 어느새 아저씨의 이야기를 몹시도 귀 기울여 듣고 있었다.

하지만 그렇게 집중하고 집중해도 알아듣지 못한 몇몇 포인트들이 있었다. 예를 들면 "유럽의 하고많은 나라들 중에 왜 하필 스페인으로 왔었는지"에 대한 그의 대답 같은 것들이었다. (그건 나에게 여전히 미제로 남아있다.) 다만 "스페인의 많은 도시들 중에 왜 발렌시아

도시와 나

에 살게 된 건지"에 대한 아저씨의 대답만은 또렷이 들려왔음이 지금 돌이켜봐도 참 다행스럽다.

"일단 이곳의 날씨가 좋았어. 내가 살던 파키스탄 도시도 이곳처럼 연중 해가 뜨는 곳이었지. 그리고 이곳의 사람들이 좋았어. 친절하고 열려 있는 발렌시아인들은 그야말로 '친구들Amigo!'이거든. 또 이곳엔 바다가 있고, 역사가 있고, 관광이 있고… 뭐 부족할 게 없는 도시잖아.

나는 발렌시아에 오기 전에 마드리드에서 7년 간 일했었어. 하지만 마드리드 사람들은 차갑고 슬펐어. 난 지금 마드리드에서보다 훨씬 적은 돈을 벌고 있지만, 발렌시아에 살면서 훨씬 큰 행복을 느껴.

그거 아니? 발렌시아에서 운전할 땐 길을 잘못 들어도 괜찮아. 바로 다음 코너에서 되돌아가면 되거든. 하지만 마드리드에서 한 번 길을 잃잖아? 그럼 좋으나 싫으나 그대로 한 10킬로는 쭉 가야만 하는 거야. 마드리드에서의 삶은 얼마나 복잡하던지!"

발렌시아에선 길을 잃어도 괜찮아. 아저씨의 그 한마디가 오래도록 머릿속에 남았다.

도시는 그 넉넉한 품 안으로 모든 이들을 차별 없이 끌어안았다. 그리고 우리는 그 품 안에서 깊은 안정감을 누렸다. 그 평온에 관한 기억으로 아저씨와 내가 공감대를 이루기까지 우리의 어휘엔 조금도 부족함이 없는 것 같았다.

다행히도 아저씨는 이번에는 길을 잃지 않았다. 나를 목적지까지 안전하게 데려다주었고, 우리는 서로의 행운을 빌며 산뜻한 작별을 고했다. 떠나가는 택시가 시야에서 흐릿해져 갔다. 그리고 내 눈 앞으로 투리아 정원의 진한 녹음이 펼쳐졌다. 치켜든 얼굴 위로는 따사로운 햇살이 파도처럼 쏟아졌다. 큰 숨으로 힘껏 들이마셔본 도시의 공기가 제법 상쾌했다.

발렌시아. 이곳을 떠난 지 정확히 1년 만에 나는 이곳으로 다시 돌아온 것이었다.

스페인의 빨간 맛

그녀의 타투

스테파니의 등에는 레터링 타투가 크게 새겨져 있었다.

'Dear daddy, I may find a prince someday but you will always be my king. 아빠, 나는 언젠가 왕자님을 찾겠지만 언제나 당신이 나의 왕일 거예요.'

두 줄에 걸쳐 쓰인 문장 옆으로 까만 새 두 마리의 문양이 날아가고 있었다. 스테파니가 오프숄더 룩을 입은 날마다 그 레터링이 그녀의 등에서 반짝였다.

"열아홉 살 때 충동적으로 새겼던 타투야. 이제는 내 삶과 어울리지 않는 문구가 돼버렸지, 하하."

타투를 새기게 된 배경을 이야기해주던 그녀가 너털웃음을 지어 보였다. 이제 자신의 성적 취향을 확실히 깨달았으니 그녀가 더 이상 그녀 생에서 '왕자님'을 찾을 일은 없지 않겠냐는 의미였다. (내가 발렌시아를 떠나 있던 지난 1년 사이, 스테파니는 남자 친구와 헤어지고 자신의 동성애적 취향을 확고히 인정하게 됐다고 했다.)

나는 애당초 타투에 무관심했다. 몸에 평생 남을 무언가를 새긴다는 게 두렵기도 했고, 또 평생을 몸에 지녀도 후회 없을 확고한 가치랄 것도 아직 찾지 못했다고 생각했다. 하지만 쿨하게 웃어넘기는 스테파니를 보니 나의 오랜 고정관념이 흔들리는 것 같았다. 몸에 영구히 새길 만큼의 소중한 가치를 부여받는 건 비단 인생의 결과만이 아니라 과정일 수도 있음을 왜 미처 생각지 못했던 걸까.

"다른 타투를 더 시도해볼 생각은 없어?"

사실 난 정말로 아무 생각 없이 던진 질문이었다. 스테파니와 나 사이의 대화는 의식의 흐름을 따라 맥락 없이 흘러가기가 보통이었으니까. 하지만 그녀는 마치 지금껏 내가 그 질문을 던져오기만을 기다려왔던 사람처럼 흡사 빛의 속도로 반응해왔다. 마침 오랫동안 머릿속으로 생각만 해왔던 타투가 하나 있는데 이번 기회에 그걸 새기고 말겠다며.

그녀는 우리가 다녔던 스페인어 학원의 바로 맞은편에 있는 타투숍에 곧바로 전화를 걸었고, 당장 다음 날 오후로 예약을 잡았다.

"진Jin, 나와 함께 타투숍에 와줄 거지? 그럼 나는 그 타투를 볼 때마다 너를 떠올리게 될 거야!"

다음 날 오후, 정말로 우리는 타투숍에서 만났다. 학원에 갈 때마

다 매일같이 지나다녔던 곳이지만 내가 이 타투숍 안에 들어와 있는 날이 오리라고는 상상해본 적이 없었다.

한 시간 뒤, 그녀의 왼팔에 새 타투가 새겨졌다. 흔히들 '대일밴드'라고 부르는 반창고 모양의 작은 타투였다. 그리고 그 반창고 그림 위로는 짧은 한 문장이 굵게 새겨져 있었다.

'Réparer les peaux cassées 망가진 피부를 회복하다'

'과오를 바로잡다, 잘못에 대한 책임을 지다'라는 뜻으로 통용되는 프랑스어 관용어구 'Réparer les pots cassés 망가진 항아리를 고치다'에 착안한 문구라며, 스테파니는 이 타투에 담긴 스토리를 내게 이야기해줬다.

"청소년 시절부터 비교적 최근까지도 나는 꽤 극심한 우울감에 시달렸었어. 그리고 그럴 때마다 나는 내 몸을 자해했었지. 자, 봐봐. 아직도 내 손목에 그 흔적이 여럿 남아있거든.

그런데 웬일인지 발렌시아로 넘어오고서부터는 내 마음 상태가 늘 평온했어. 심지어 남자 친구와의 이별도 나의 평화를 깨뜨리진 못했고, 레즈비언임을 인정하고 나서도 내 정신력은 도리어 더 강인해진 느낌이야. 진Jin, 나는 이 도시에서 새 삶을 찾게 된 것만 같아.

지금까지 한 2년 동안은 단 한 번도 자해의 유혹에 빠진 적이 없었어. 하지만 혹시라도 그런 충동이 다시금 나를 괴롭히는 날이 올지도 모르잖아. 그럴 때면 나는 이 타투를 보면서 마음을 다잡으려고 해. 그리고 그때마다 난 발렌시아, 그리고 너를 떠올리게 될 거야."

스페인의 빨간 맛

팔뚝 한가운데에 꼭 반창고 문양을 새겼어야만 했을까, 하고 달갑잖게 생각한 순간이 고백건대 잠시나마 있었다. "타투를 볼 때마다 너를 떠올리게 될 거야"라던 어제 스테파니의 말도 인사치레로 하는 말이겠거니 넘겨짚고 큰 의미를 두지 않았었다.

하지만 그녀가 그녀의 왼쪽 팔뚝에 반창고를 그려야만 했던 진짜 이유를 듣고 나니 맘이 달라졌다. 어쩌면 스테파니는 정말로 이 타투를 볼 때마다, 그녀의 마음의 병이 치유된 배경이었던 이 도시를,

그리고 그 도시에서 함께였던 나를 떠올리게 되지 않을까. 어느 날
엔가는 이 타투를 보며 나쁜 충동을 억눌러야 할 때, 그때 이 도시와
내가 그녀 가슴속에 함께이지 않을까.

　세 시간 안에 물로 씻어줘야 한다는 새 타투 부위를 랩으로 꽁꽁
싸맨 채 우리는 투리아 정원으로 향했다. 정원의 양지바른 곳에 돗
자리를 펴고 그 위로 벌러덩 드러누웠다. 무더운 한낮이라 정원은
한산했다. 이따금 보이는 조깅하는 사람들, 강아지와 산책하는 사람

들, 일광욕하는 사람들을 배경으로, 우리는 가만히 누워 그날의 햇
살을 온몸으로 맞았다.

적요한 오후가 좋았다. 이 순간을 함께 기억할 친구가 있다는 사
실도 좋았다. 10월인데도 발렌시아의 햇볕은 한여름 같았다.

우리가 불꽃놀이를 보는 이유

발렌시아 생활을 마무리짓고 한국으로 떠났던 게 2018년 10월 9일의 일이었다. 그리고 그날은 발렌시아에서 가장 큰 축제일 중 하나인 '발렌시아의 날El día de la Comunidad Valenciana'이기도 했다. 도시 전체가 들썩일 정도로 요란했던 축제 분위기 속에서 슬픈 맘을 안고 도시를 떠나야 했던 그날의 모순적인 기억이 한동안 머릿속을 떠나지 않았다.

그리고 1년이 지나 2019년 10월 9일. 나는 딱 일주일 허락된 휴가를 발렌시아에서 보내기 위해 이곳을 다시 찾았다. 그리고 공교롭게도 올해의 '발렌시아의 날' 역시 이곳에서 보내게 됐다.

축제 기간이 되면 도시는 평상시보다 갑절로 소란해진다. 도시 곳곳에 장터가 들어서고, 갖가지 기이한 공연과 퍼레이드들이 펼쳐지며, 시민들과 방문객들이 뒤엉켜 도시의 몇몇 요지 주변이 무척이

나 붐비게 된다. 특히 발렌시아의 날 전야에 펼쳐지는 성대한 불꽃놀이는 모두가 고대하는 축제의 주요 행사들 중 하나다.

'발렌시아'와 '불꽃놀이'는 불가분의 관계에 있다 해도 과언이 아니다. 지역의 중요한 축제일들엔 물론이거니와, 대관절 뭘 기념하겠다는 건지 종잡을 수 없는 비교적 평범한 날들에조차도, 웅장한 불꽃놀이로써 축제 분위기를 돋우는 일이 이 도시에선 흔하게 있는 일이다. 내가 살던 집은 불꽃놀이가 보이지 않는 도시 변두리에 위치해 있었는데, 발렌시아에 처음 왔을 때에는 밤중에 끝을 모르고 울려 퍼지는 까닭 모를 폭죽음이 공포스러워 오래도록 잠들지 못한 경험을 한 적도 있었다. (물론 나중 가서는 그 폭죽음을 자장가 삼아 단잠에 빠지는 경지에 이르렀지만.)

올해 10월 8일 밤에도 어김없이 불꽃놀이가 펼쳐졌다. 이번에 묵게 된 숙소에서는 창가 너머로 불꽃놀이가 내다보였다. 덕분에 멀리 나가지 않고도 거실 소파에 앉아 편안히 불꽃놀이를 감상할 수 있었다.

펑! 펑! 오색빛깔의 불꽃들이 밤하늘에 펼쳐졌다.

펑! 펑! 밤하늘을 수놓은 그 찬연한 색채를 나는 넋을 잃고 바라봤다.

"엄청난 돈이 터져 나가고 있군, 안 그래?"

그래놀라를 우걱우걱 씹어먹으며 불꽃놀이를 시큰둥하게 바라보던 집주인 제시Jessy가 곁에서 말했다. 나는 그저 허허 웃음을 지어 보이는 걸로 대답을 대신했다. 올해부로 열세 살이 된 노령견 실버Silver가 엉금엉금 걸어와서는 내 발 밑에 웅크려 앉았다.

한 명의 현지인, 한 명의 방문객, 그리고 한 마리의 개가 가만히 창문을 바라보고 앉아있었다. 제시의 냉소적인 그 한마디 이후로 우리 사이에 별다른 대화는 더 없었지만, 요란한 폭죽음이 소리의 공백을 넘치도록 메우고 있었다.

어느 것 하나 똑같은 불꽃이란 없어 보였다. 색깔, 모양, 크기, 방향이 전부 달랐다. 특히나 리듬을 중시하는 발렌시아 불꽃놀이의 특징 덕에 불꽃들의 소리, 속도, 박자에도 화려한 변주가 있었다. (한낮에 펼쳐지는 불꽃놀이 '마스클레따La Mascletá'의 전통이 있어, 발렌시아인들은 불꽃의 시각 효과뿐 아니라 청각 효과에도 무진히 신경을 쓴다.)

펑! 펑! 그 화려한 개성과 넘치는 생명력이 밤하늘 가득히 터져감에,

펑! 펑! 시나브로 머릿속의 상념은 모두 사라지고 그 순간 오로지 불꽃과 나만이 존재하는 것 같았다.

살면서 수십, 수백 번은 족히 봐온 광경일 텐데도 불꽃은 바라볼 때마다 새롭고 바라볼수록 아름다웠다. 불꽃놀이에 무관심해 보였던 제시도 어느 순간엔가는 슬그머니 제 핸드폰을 꺼내 들어 불꽃의 향연을 영상에 담고 있었다.

그 순간 나는 문득 '파야스Las Fallas'를 떠올렸다.

'파야스'는 성 요셉을 기리며 매년 3월 중순에 열리는 발렌시아의 가장 대표적인 축제다. 이 축제 기간만 되면 스페인 전역에서 엄청난 수의 방문객들이 발렌시아를 찾아온다. 거대한 종이 인형들이 거리 가득 들어서서 행진하고 밤낮 할 것 없이 화려한 불꽃들이 밤하늘을 수놓는 '파야스'의 황홀한 실경을 보기 위해.

하지만 나는 유독 '파야스'와 인연이 없었다. 발렌시아의 사계절을 모두 지내보고도 유독 3월의 발렌시아를 겪어본 일이 없었고, 스페인의 각종 유명한 축제들을 다 가보고도 유독 '파야스'만은 가본 일이 없었다. '파야스'조차 본 적 없는 내가 발렌시아에 대한 글을 쓴다니, 어쩌면 누군가에겐 이 사실이 대단한 어불성설로 여겨질는지 모른다. ('파야스'가 발렌시아에서 갖는 위상은 그만큼 대단하다.)

하지만 한 명의 현지인, 한 마리의 개와 함께 불꽃놀이를 바라보며 몽환 속을 거닐었던 그날 밤, 나는 내가 아직도 '파야스'를 보지 못했단 사실이 도리어 희망적으로 여겨졌다. 아직도 내가 모르는 발렌시아의 조각들이 남아 있다는 사실. 그 사실은 곧 도시와 내가 맺은 관계가 앞으로도 진행형으로서 생동하리란 기대의 근거이기 때문이었다.

1년 가까이 되는 시간을 발렌시아에서 살고 보니 이쯤 되면 발렌시아를 얼추 다 아는 것만 같았다. 하지만 오랜만에 다시 돌아온 발렌시아에서 나는 하루에도 여러 번 도시의 낯선 모습들을 발견해갔다. 매일같이 걸었던 길 위에서도 내가 무관심하게 지나쳤던 수많은 상점들과 건물들이 새롭게 눈에 띄었다. 매일 한 바퀴씩 돌았던 투리아 정원에서도 처음 보는 품종의 식물들을 나날이 마주했다.

다 아는 것 같았지만 다 아는 게 아니었다. 그리고 내게 생소한 느낌을 주는 도시의 그 모든 요소들이 반가웠다. 보고 또 보아도 더 보고 싶은 발렌시아. 이미 여러 번 본 것 같고 이제 더 봐도 특별할 게 없을 것만 같지만, 바라볼 때마다 새롭고 바라볼수록 아름다웠던 불꽃놀이와도 같았다. '오래 보아야 사랑스럽다'던 익숙한 시구 속

의 고백 또한 혹 이런 뜻을 담고 있었을까. 오래 보아도 좋은 대상.
볼수록 더 보고 싶고 알수록 더 알고 싶은 대상. 그것을 향한 시선엔
대체 얼마나 충만한 애정이 어려있었을 것이던가.

아마 나는 앞으로도 오랫동안 발렌시아를 가슴에 품고 살아가게
되겠지만 그 사실이 슬프지 않았다. 언제고 운명은 나를 다시금 이

스페인의 빨간 맛

도시와 만나게 하리란 은연한 예감이 내 안에 있었다. 2018년 2월에 우리의 첫 만남이 그러했던 것처럼.

　아아, 사랑이여. 아아, 발렌시아여.

맺는 글

2018년 2월부터 10월까지 아홉 달, 2019년 1월부터 2월까지 한 달, 그리고 2019년 10월의 일주일. 이 책에 담긴 스페인의 이야기들은 도합 열 달의 경험을 바탕으로 기록되었다.

사실은 글에 담지 못한 더 많은 이야기들이 있었다. 이 책에 소개하지 못한 더 많은 아름다운 사람들이 있었고, 이제 와서 헤아릴 수조차 없는 숱한 에피소드들과 상념들이 있었다. 지면의 한계 그리고 필력의 한계로 모든 걸 책에 담진 못했지만 (아마도 후자의 이유가 더 큰 것 같다!), 그들에 대한 기억은 나의 사적인 기록 속에서 그리고 나의 가슴속에서 오래 남아 있으리라 믿는다.

나는 여행지에 와서만 겨우 부지런한 기록쟁이가 된다. 여행의 모든 순간들이 그저 아섭고 소중한 마음에, 평소에는 잘하지도 않는 기록 행위에 유달리 충실해지는 거다. 일상으로 돌아와서도 여행자의 마음으로 살며 일기 쓰는 습관을 이어가야지 생각하지만, 그 결심이 오래간 적은 한 번도 없었다. 그러고 보면 일상을 여행처럼, 여행을 일상처럼 산다는 건 얼마나 어려운 일인가. 일상의 빡빡한 일정을 소화하며 매 순간에서 의미와 기쁨을 찾기란 쉽지 않은 일이고, 여행을 일상과 하등 다를 바 없게 똑같이 보내버리면 그건 또 너무 아쉬운 일일 테니까.

그런 의미에서 스페인에서 보낸 시간이 참 좋았다. 여행이라 하기엔 그 해 나의 삶의 기반이 온전히 발렌시아에 있었다. 또 일상이라 하기엔 매일이 꿈같고 설레었다. 그리하여 비로소 여행자의 마음으로 일상을 살아볼 수 있었던 열 달의 시간. 아마 나는 앞으로도 내가 어떻게 하루하루를 살아야 하는가 의문이 드는 순간마다, 그 열 달의 시간을 교감 삼아 곰곰이 곱씹어보게 될 것 같다. 어제와 다를바 없는 오늘이 몹시도 아쉽고 소중하게 느껴지던 나날들. 생활 속의 소소한 것들을 돌아보고 소박한 만족을 구할 수 있었던 시간들. 발렌시아에서의 단조롭고 느린 일상을 그대로 서울로 옮겨오기란 불가능한 일이겠지만, 나 자신을 아끼고 보듬음으로써 세상을 사랑하는 법을 배웠으니 그것만큼은 장소를 불문하고 실천이 가능할 것 같다. 나는 스페인을 다녀오고 나서, 내가 앞으로도 '건강하게' 살 수 있다는 굳은 믿음을 갖게 됐다.

스페인으로 떠나기 전 목표했던 건 두 가지였다. 스페인어 공부하기 그리고 글쓰기. C1 급수의 DELE 자격증을 땄고 마침내 이 책도 세상에 내놓게 됐으니 단기의 목표는 모두 이룬 셈이다. 이제 남은 건 다음 단계다. 스페인에서 보낸 시간이 앞으로 내 삶에 어떤 영향을 미치도록 이끌 것인가.

전공의들 사이에서 자주 오가는 질문이 있다. "끝나면 뭐할 거야?" 수련 병원에서 3~4년여의 수련을 마치고 전문의가 되면, 향후에 어디서 어떤 일을 하고 싶냐는 의미의 질문이다. 물론 저년차 때에는 "잘 모르겠다"는 대답이 대세인 것 같긴 한데 (실제로 잘 모르겠는 경우도 있을 테고, 잘 알고 있으면서도 구태여 구체적인 대답을 안 내놓는 경우도 있을 테고.), 나는 진짜로 정말로 참으로 잘 모르겠다. 하지만 어렴풋한 바람은 있다. 내가 스페인에서 보낸 시간 그리고 세계의 곳곳을 누비며 쌓은 경험들이 유익한 자양분이 되어줄 수 있는 어떤 분야인가에 몸담게 되기를. 물론 그게 구체적으로 어디가 될진 아직 모르겠다. 하지만 조바심은 나지 않는다. 2010년 에콰도르의 시간이 나를 오늘 이곳으로 이끌었듯, 나는 또 내가 짐작할 수 없는 어느 자리에선가 기적 같은 삶을 살고 있게 되리라 믿는다.

책 한 권 집필하는 일이 이렇게 어려운 일일 줄은 미처 몰랐다. 분야를 막론하고 창작에 몸담은 모든 분들께 진심 어린 경의를 표한다. 큰 딸의 어떤 선택도 믿고 지지해준 용감한 부모님께 감사드린다.

2020년 1월, 한지은 씀.